LEARN BIG DATA
FROM SCRATCH

从零开始学习
大数据

插图版

大数据知识入门手册

[日] 稻田修一 / 著
吴延科 / 译

中国人民大学出版社
· 北京 ·

前言

商业社会大变革

近年来，无论是网络还是报纸，在各种研讨会和演讲会上，“大数据”、“人工智能”、“物联网”（Internet of things，IoT）等词汇频繁出现。然而，我们总觉得难以理解，认为这是专家们的事，普通人不用弄明白，是这样吗？

不是那样的。这是一件大事，会大大改变现有的商业和社会活动。如果是商务人士，就更应该将其作为常识来了解。

而且，这些新概念的根源相同。据说，“应用大量的数据（即‘大数据’），计算机会变得稍微聪明点儿”。即使不明白专业技术，通过使用聪明的计算机，了解我们的工作和生活已经发生的变化，也很重要。

在金融领域，金融和技术结合的“金融科技”（Fintech）大放异彩，金融工作已经产生了戏剧性的变化。

计算机使用大数据已经变得更加聪明，开始代替专业人员进行融资审查、提供资产运作建议、判断股票买卖等工作。以前人们认为只有智力劳动才能完成的工作，现在已经自动化了。另外，手机结算等新型服务也已陆续出现。

开启计算机变聪明的时代

今后，汽车自动驾驶、制造工序智能化都会实现。随着健康管理的科学化，生活习惯造成的疾病将更容易预防，我们的商业和社会会发生巨变。为了应对这一巨变，所有组织都必须从根本上重新审视我们的工作方法。

必须改变的不仅仅是组织，我们每个人都必须改变想法和对事物的看法。

计算机的新功能能帮我们迅速决策，通过加深对事物的认识和理解，让我们更迅速地做出正确的判断，熟练使用聪明的计算机，创造出新的价值，开拓新的时代。

要使之成为可能，首先必须理解新概念。

本书作为大数据时代的指南，为大数据初学者清晰解读像“大数据”这样的新概念。

同时，了解大数据、人工智能、IoT 的人也请阅读本书。通过本书，你可以俯瞰大数据框架，抓住新概念的本质，改变对事物的看法。

总之，本书有助于读者加深对以大数据为主的计算机新功能的理解。

2015 年 11 月

稻田修一

目录

第4章 医疗、教育、媒体的定制时代

智能手机、购物、搜索……

所有的行为都是大数据

BIG DATA

“大数据”“人工智能”“IoT”等词汇几乎每天都出现在新闻网站和报纸上，你知道它们的意思吗？这些词被用在什么地方？为什么现在经常被提及？

へぇ〜〜〜
身边各种各样的应用实例。
SNS
➡P24
个人号码
➡P128
智能手机 APP
➡P46
网上商店
➡P30
手机搜索
➡P28
导航
➡P112
交通系统
IC 卡
➡P11
积分卡
➡P38

它有用吗？
肯定的！
在未来，商业大数据的有效利用是必不可少的！
➡第 7 章
大数据案例
将大数据用于解决商业和社会问题，介绍取得成功的案例。
进一步优化
介绍更先进的案例和今后的应用前景。
关键词
我们将解释与大数据相关的关键字，如“物联网”和“人工智能”。
本书将帮助你了解大数据的本质。
这里有很多案例和关键词。
好的！
就用这本书开始学习！

第 1 章

大量的数据不等于大数据

什么是大数据？

BIG DATA

大量数据已被广泛用于商业活动

以互联网和智能手机为首的 IT 产品迅速普及，快速产生着庞大的数据，这被称为“大数据”。

大数据具有“3V”特征，不只是“大”而已。

大数据远远超过了迄今为止人类所体会到的数据量，具有与以往的数据截然不同的特征。分析大数据，可以提供更便捷的服务，提高业务效率。

大数据是具有“3V”的数据

大数据满足以下“3V”［大量（volume）、多样性（variety）、快速（velocity）］特征。

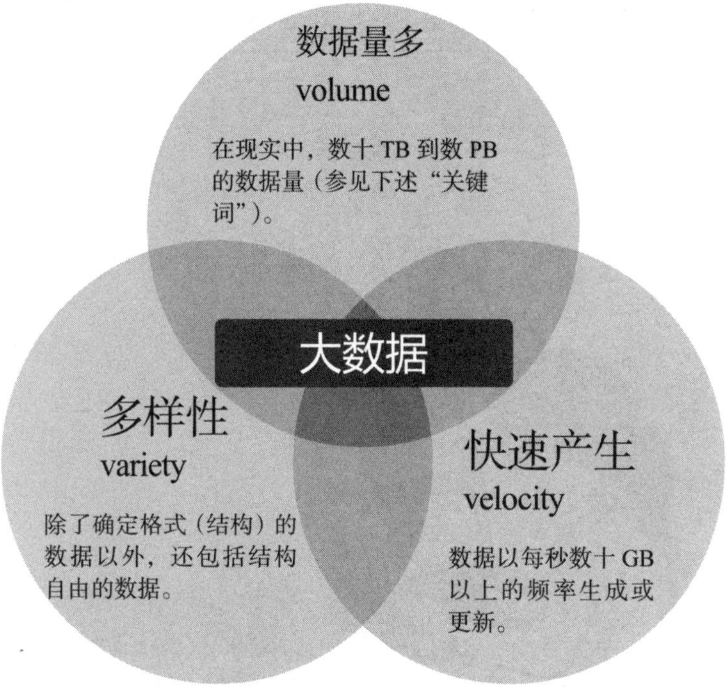

资料来源：根据野村综合研究所资料整理。

关键词

表示数据大小的单位

表示数据大小（容量）的单位如下。1 张 CD 中收录的数据约为 700MB，大数据是数十 TB 至数 PB 的级别，约为 1.4 万～ 140 万张 CD 的容量。

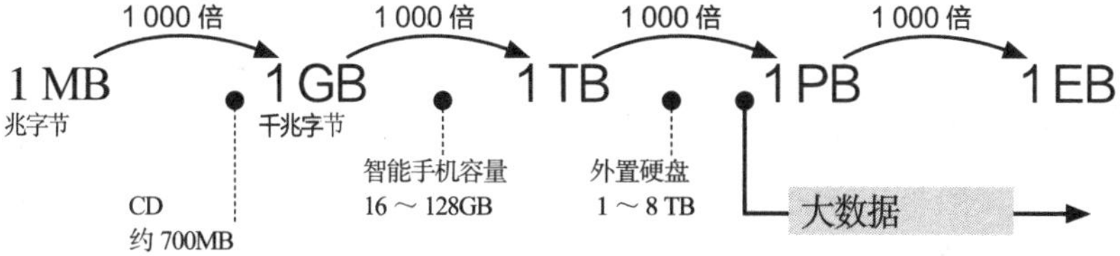

大数据由什么构成？

日常生活的行为和心情转换成数据

所有行为都被数据化

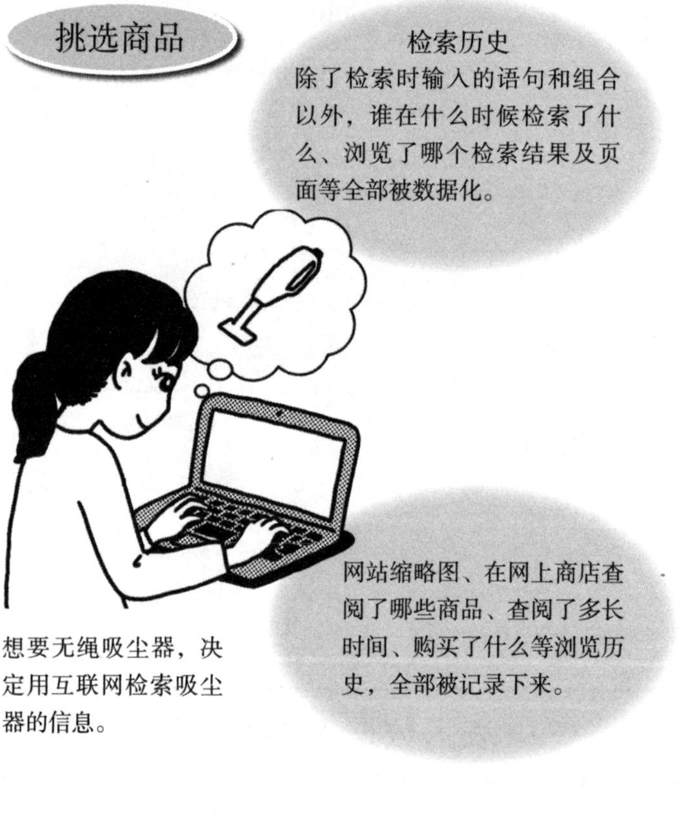

用智能手机浏览网页、在社交媒体上填写现在的心情、使用交通系统 IC 卡乘坐电车……这样的日常行动，现在都成为数据被搜集起来。

即使一个人的数据量很少，但是聚集了几百万、几千万人的数据就会变成大数据。通过分析大数据，可以知道现在发生了什么，可以预测今后会发生什么。

例如，购买一个家电，从开始在互联网上查找直到购买，甚至到购买后的行为都被数据化并记录下来。

购买

销售终端（point of sale，POS）在收银台读取条形码，会记录何时、对哪个商品、用多少钱、在哪里买的以及买了几个这些数据。

积分卡

根据购买金额积分，同时也会记录谁买了什么商品这样的信息。

购买后

因为吸尘器非常容易使用，将照片加感想发布在SNS上。

照片、视频、邮件被保存在云端，或发布到社交网络服务（social network services，SNS）作为数据存储下来。

在Facebook和LINE等SNS上发布的文章、照片、视频等也是大数据的一种。

关键词

IC卡

内置了能够存储和处理信息（数据）的小型集成电路（IC）芯片的卡片，安全性很高。除Suica等车票外，还广泛使用IC芯片的有信用卡、驾驶证、积分卡等个人信息卡。

大数据由什么构成？

身边的感应器不断发送数据

汽车、智能手机、IC 卡是数据发送装置

传感器和互联网是大数据搜集的中坚力量。所谓传感器，就是捕捉对象和现象的变化，并将其转换为信号和数据的装置。比如，智能手机配备了 GPS 定位等多种传感器。

最近广受关注的是将传感器附在物品上，并通过网络搜集数据的“IoT”。汽车、家电、工厂设备和机械等几乎所有东西都可以实现 IoT。分析搜集的数据，除了可以使生活更为便利以外，也有助于机器的维护和保养。

①每单位时间的速度变化率为加速度。

在物品上附有传感器，通过网络连接，实时发送数据。

关键词

结构化数据、非结构化数据

以前的顾客信息，还有会计、销售、库存等数据，都是根据规定的项目或形式搜集的（参见右表）。规定构造的数据为结构化数据。与此相对，电子邮件、SNS 等产生的数据、图像、视频等不适用于一定的结构，所以被称为非结构化数据。

结构化数据的示例

年月日	商品名	金额	数量
20151010	＊＊	500	2
20151010	○○	350	1

大数据能做什么？

解决现实的问题，预测不久的未来

在互联网上检索想要的商品信息，会被推送其他网站上的同类商品。这是通过搜集“什么时候？谁对什么感兴趣？”等产生的数据来实现的，分析这些数据可以预测并提议人们购买可能感兴趣的东西。

这样的预测成为企业制订产量计划的依据，可以解决生产过剩这样的问题。以前企业凭借直觉和经验进行预测，而使用大数据可以提高预测的精度。

分析数据，马上清楚

最新式的办公用打印机和复印机有很多传感器，制造商可以借此检查工作情况和机器零部件的状态。

数据搜集 打印机、复印机

印刷次数、张数、单色、颜色、错误次数、纸张卡住次数、消耗品的使用次数等。

↓

数据分析 制造商

马上掌握异常情况	预测未发生而即将发生的状况
实时了解机器和零件的状态。	根据过去的数据进行分析，可以预测“如果频繁出现纸张堵塞，很有可能在 × 周内出现故障”等状况。

发生故障后立即可以修理	发生故障前采取对策	不需要定期检查
解决问题	**预测未来**	**优化（效率化、合理化）**
客户会因故障而备受困扰，从而影响工作。有了数据就可以马上知道故障的原因，不用等客户报修就可以修理。	能够预测故障，采取对策。也能预测消耗品何时耗尽，从而能及时提供补充。	只要在必要的时候去维护和补充消耗品就可以了，腾出时间和人手可以去做其他工作，因此也可以重新评估公司内部的人员配置。

大数据案例

荷兰农业

从数据中分析西红柿生长良好所需的条件，狭小的国土也能成为世界第二大农业出口国

荷兰农业产值 50 年增长 5 倍以上

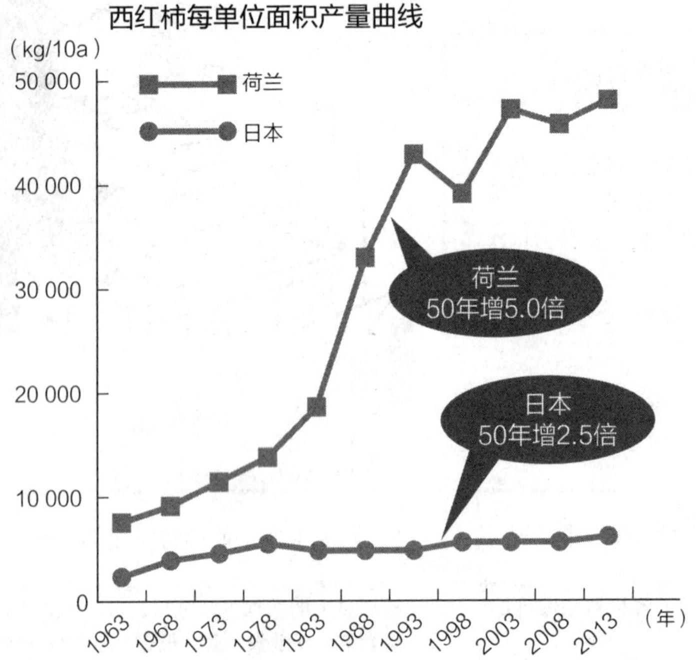

注：如图所示，荷兰近 50 年来生产力大幅提高。温室栽培较多的荷兰西红柿产量（单位面积）约为日本露天栽培产量的 8 倍（截至 2013 年）。日本的 10a 相当于 0.1 公顷。

资料来源：联合国粮食农业机构（FAO）统计数据库。

利用大数据，荷兰农业取得了很大的成就，其中一个例子就是栽培西红柿。荷兰在温室里栽培西红柿，每单位面积产量达到日本温室栽培的 5 倍以上。

用大数据分析西红柿生长的条件，实现使用 ICT①促进增长和收获的室内环境。室内环境用外部办公室的计算机控制。

实现了使用 ICT 的农业后，荷兰虽然国土面积小，但却成长为世界第二大农业出口国。

① ICT（information and communication technology，信息和通信技术）：相对于把计算机和互联网等信息技术称为 IT，ICT 更重视通过网络进行多种多样的交流。国际上 ICT 很普遍，日本也在逐渐发展它。

农业出口居世界第二位

数据搜集

搜集与生长发育有关的数据

光的环境、适宜的湿度、温度、二氧化碳（CO_2）浓度等。

荷兰的问题

荷兰国土不适合种植蔬菜，荷兰的面积和日本九州差不多。与其农业竞争对手西班牙等相比，荷兰土地狭小、气候凉爽，不适合蔬菜的生产。

数据分析

配置最适宜蔬菜生长的环境

可视化

优化环境

配置适宜蔬菜生长的环境

从 20 世纪 80 年代开始，在蔬菜生产上使用计算机技术设置环境。

光合作用环境

开发多光照、屋檐高的住宅，控制温度、湿度、CO_2 浓度，创造出适合植物生长的光合作用环境。

适宜生长的环境

果实成长所必需的糖是由光合作用合成的，植物在温度高的时候合成糖。利用这一性质，适时控制温度。

防病的环境

为减少病虫害，不使用土而是使用洛克羊毛（矿物制作的纤维）栽培。

丰收的环境

例如西红柿，由于采用特殊的栽培方法，收获时可以使用机器人采摘。

问题解决

世界第二大农业出口国

大数据能做什么？

改变过去的方法，创造出新的商业

假设在某个地区将举办户外活动，已经知道附近的便利店在此前有活动时“必定”能销售 500 个以上炸鸡便当，如果想以高精度预测此次销量，就需要使用大数据搜集活动的内容和过去的来客数、年龄层、天气、气温、参加活动的人们的 SNS 等数据并进行分析，如果能高精度地预测销量，新进职员也能完成“炸鸡便当 500 个”这样正确的订货任务。将直觉和经验转换为数据，明确顾客所需，这样的大数据技术隐藏着改变商业模式的“创新”力量。

前面介绍的荷兰农业就是一个绝佳的例子。因为国土狭小，荷兰商业在国际竞争中不占优势，农业就成为荷兰发展的重点。经过几十年的数据分析和资本投入，荷兰已经具备了“培养有竞争力作物的能力”，并且使用 ICT 技术，荷兰独创出了“不受自然条件影响的农业”。日本也受此启发，开始使用大数据发展农业。

关键词

创新

前所未有的新技术的发明和创造，能够极大地改变个人、组织和社会。这是经济学家熊彼特提倡的概念。

例如，数码相机将原本特殊的摄影器材转变成日常生活中轻松能用的东西，不需要显像。数码相机的出现导致大街上的摄影店普遍消失。

大数据案例

荷兰农业
不受自然条件影响，可以生产必需的蔬菜

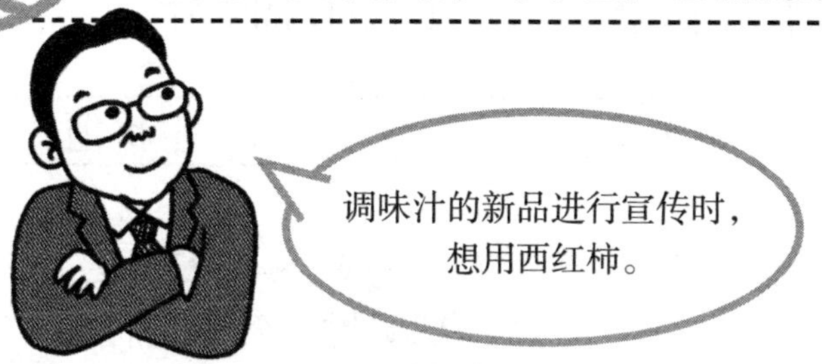

●传统农业（日本的农业）

凭借直觉和经验，在自然条件左右下致力于生产，不知道能不能真实地回应市场（食品厂家）的需求。

自然条件的影响

规划、计划
根据直觉和经验制订计划，根据消费者和流通业者要求的收获量、时期、品质等凭经验进行规划。

→ **生产**
赶交货期；
努力工作；
受气温、日照、天气等自然条件的影响；
承担生产工作的人需要花费大量时间和人力。

→ **流通消费**
在已经收获的产品中，只能供应满足质量要求的部分，交货时间也很难确定。

●荷兰农业

预测未来

可以根据数据控制生长发育条件，所以可以计划性地生产市场需要的农作物。

自然条件的影响 ✕

规划、计划
根据收获量、时间、品质倒推来制订计划
从消费者和流通业者需要的量、时间开始逆算，制订生产计划，选择不同的栽培技术，生产满足需求品质的西红柿。

→ **生产**
按计划生产
不受自然条件影响，按计划进行生产，同时可以控制产量、时间和品质。

→ **流通消费**
按照要求的量、时间、品质发货
按照计划的时间，可以提供必要数量和品质的西红柿。

大数据怎么用？

搜集分析数据，产生新的服务

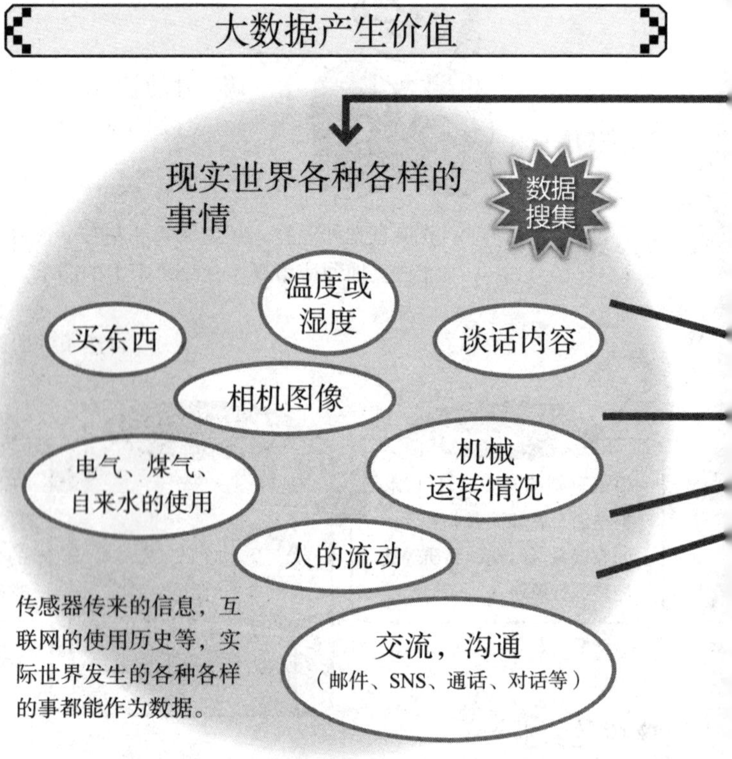

在现代社会中，各种各样的东西都能被 ICT 化，“在哪里买了什么？”“在 SNS 上写了什么？”“在哪个车站下车？”等，每天的行为都会成为数据。

这些数据被作为使用历史搜集起来，同时要考虑保护隐私的问题。搜集数百万人的数据，分析这个看得见的市场的动向和消费者的欲望，新商品和新服务就能取得成功。

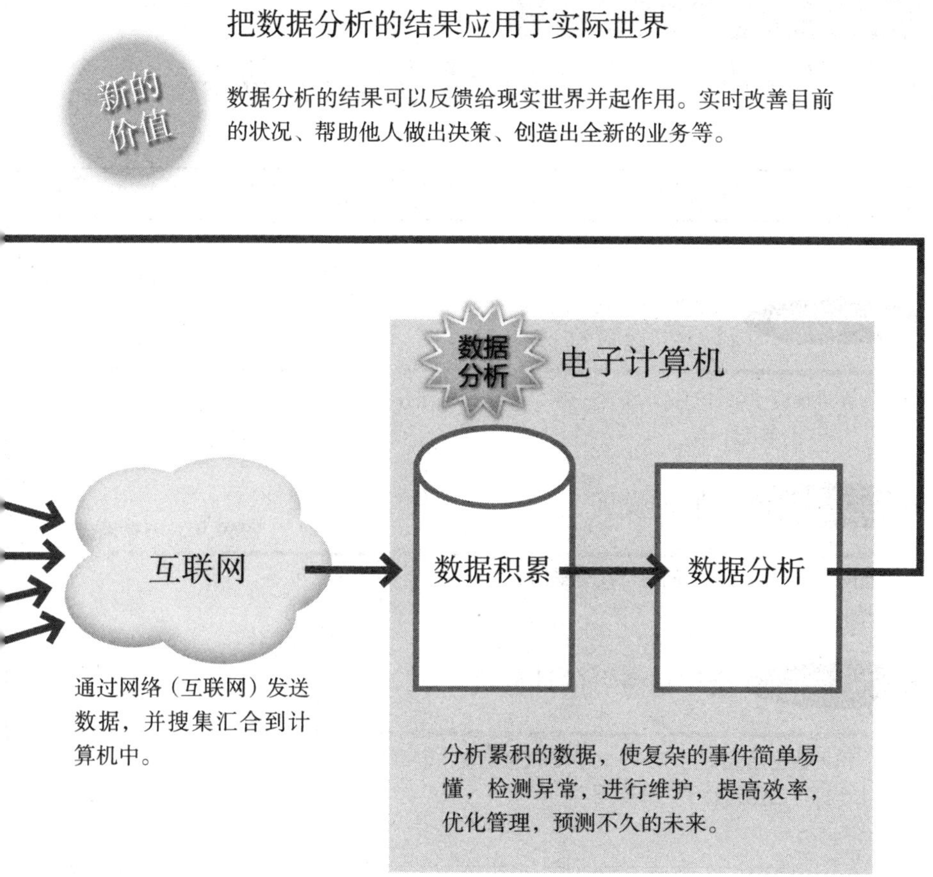

政府打起精神来了

ICT 已渗透到电力、煤气、自来水、交通等社会基础设施，以及物流、建筑、工厂制造等产业领域，这些都与数据搜集密切相关。日本政府也开始着力于大数据的建设和使用。

2015 年 6 月日本公布了政府信息技术（information technology, IT）战略《世界最先端 IT 国家创造宣言》的修订版，制定了 2020 年前 IT 政策的基本方针。其中，大数据被认为是能够带来经济增长的新资源。由于可以取得很多领域的数据，日本政府期望它能够带来变革的加速、产业和社会的创新。

大数据为什么会发展起来?

计算机的发展，大量的数据轻松易得

21 世纪以后，社会发生了很大变化

1942 年，世界第一台计算机产生

第一个流程 数据转换成数字、计算机运算高速化

就像计算机提高了会计事务的效率一样，用计算机保存和处理数据也是这样。

第二个流程 互联网发展

1969 年，互联网成型

以互联网为基础的邮件、网络、社交媒体等的出现，使网络交流和信息搜集得到了发展。

第三个流程 会“思考”的计算机

搜集、积累数据后分析出来的东西，不仅仅是供人们利用的，计算机自己也开始了自我学习。

2001 年，大数据的定义

信息和通信技术（ICT）的发展大致分为 3 个流程。

由于计算机和互联网的出现，信息和通信的手段迅速发展，社会的结构和人们的生活方式也发生了很大的变化。在“信息革命”过程中产生的信息，经过三个流程后就产生了大数据。

第一个流程是计算机信息的数字化和高速处理。开发了将文档、音频、图像等信息数字化的机器和服务；开发了保存、处理数据的技术。

第二个流程是通过互联网让信息共享变得更容易。互联网产生了能够访问全世界信息的环境和电子邮件等的新的信息传递方法，这些技术改变了所有领域的交流方法。另外，交换的信息可以作为数据进

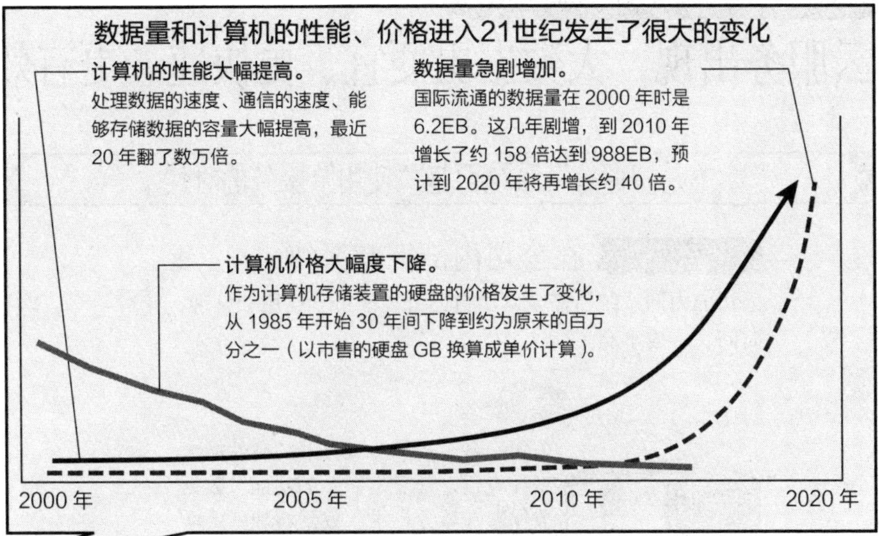

资料来源：参考总务省《信息通信白皮书》2014年版、2015年版。

关键词

Hadoop

将数据分给多台服务器（向其他计算机提供程序和数据等的计算机）同时快速处理的技术，是以谷歌2004年发表的论文为基础而开发的，可以进行至今为止比较难的PB级非结构化数据的超高速处理。

行积累。

21世纪以后，技术的发展促进大数据的发展和应用

在进入21世纪以后，ICT技术飞速发展，计算机性能大幅提高，搜集信息的传感器的价格大幅下降，能以超高速处理大量数据的“Hadoop”出现，这些共同促使低成本搜集、分析大量数据成为现实。这是第三个流程，即大数据时代的开始。

大数据为什么会发展起来？

云服务出现，大数据更便宜、更快速、更有效

不是“拥有”系统而是“使用”服务的时代

截至目前 在公司内部拥有系统

公司的内部系统所需全部由自己公司准备、运用、管理，花费时间长、成本高。

以前，为了搜集和使用数据，企业自行设计独立的系统，由专业人员统一使用附带专门软件的计算机。开发花费时间长，运行成本也高。

随着 ICT 的发展，数据搜集和使用的成本也显著降低。另外，通过互联网接收各种服务的“云计算”开始出现，即使本公司不构筑系统，也能搜集和使用数据。这个时代不需要拥有系统，只需要使用云计算提供的服务即可，这样能以更低的成本利用大数据。

云计算

在互联网上的服务器中，预留了保存软件和数据的空间，供客户使用。

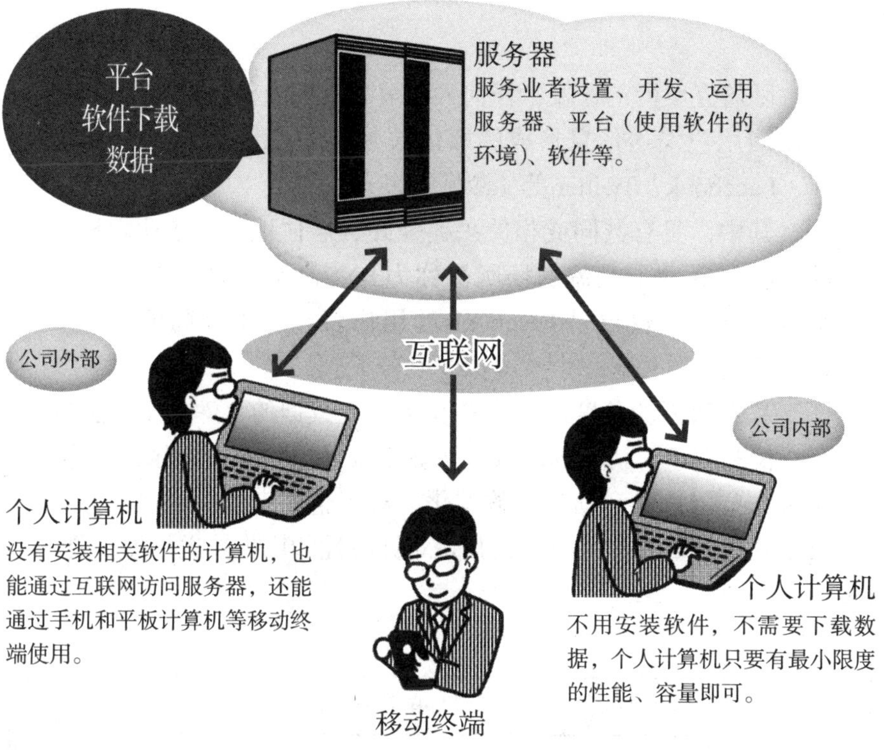

> 关键词
> ### SaaS、PaaS、IaaS
> 三者都是云服务类型。SaaS 即根据需要提供软件和搜集数据的服务；PaaS 即向应用软件使用者提供开发和使用服务器和软件的服务；IaaS 即提供服务器和网络等的硬件设施的服务。

由于使用云服务比使用系统简单，公司可以更方便地招聘人才。为了利用大数据产生更多的价值，云服务是必不可少的基础之一。

关键词

社交媒体、SNS

在互联网上发信息、交流

随着互联网的普及，任何人都可以在网上轻松地发送信息。互联网用户发送信息形成的媒体被称作“社交媒体”，比如博客、Facebook、Twitter 等（参见下表）。

其中，具有共同或相关兴趣爱好、居住地区、毕业学校等的人在互联网上交流的场所被称为 SNS，这起源于 2000 年上半年。现在，仅仅是 Facebook 的用户就超过了中国的全部人口，已经可以说是一个“虚拟国家”了。

从大数据的角度来看，SNS 是个人数据的宝库。个人会发布心情和故事、访问的地方、毕业学校、居住地、人际关系等，所有这些属性和活动都被数据化。对于企业来说，这些数据是市场营销的重要信息源，尤其是对针对性的广告推送更加重要。

主要社交媒体

（2015 年 11 月至今）

网易博客	像日记一样以时间顺序记录的网站。
Facebook	世界上超过 15 亿人利用的 SNS。
mixi	日本发行的 SNS。
Google＋	Google 运营的 SNS。
Twitter	共享 140 字以内的短文。
GREE、Mobage	在游戏上一边对战、合作，一边交流的 SNS。
LINE	主要以免费邮件、通话为主的 SNS。
YouTube、相关视频网站	发布视频、进行共享的网站。

第2章

谷歌为什么免费提供服务？

积累数据进行分析以增加销售额

BIG DATA

用于营销广告

不推荐给大家，只推荐给你

对于生产或销售，事先调查谁需要什么商品，然后锁定目标，进而开展企划、生产，再通过广告等提供信息、销售商品。

拿钓鱼来比喻，就像是在宽广的海里钓鱼，仅仅把鱼饵扔进大海是很难钓上想要的鱼的。

如果使用大数据就好办多了，通过数据分析可以准确地知道谁需要什么，而且还能够更具针对性地向消费者传递信息。

及时向特定的人传递信息

截至目前　对非特定的多数人大肆宣扬广告

利用大众传媒的广告，不知道能否及时向需要商品的人传递信息，费用也高。

电视、杂志、传单等广告有广泛宣传商品信息的效果。

使用大数据　寻找对商品感兴趣的人，以其为目标提供特定信息

针对性别、年龄、兴趣等进行广告推荐

根据互联网上检索的语句、性别、年龄、兴趣等，有针对性地显示广告和推荐商品，费用也比较便宜。

口头传播

在网上的商品评价、SNS 中看到的推荐信息等都与购买商品有关，企业能够有意识地提高口碑（口碑营销）。

大数据案例

谷歌广告战略

从搜索词推测客户想要的和关心的东西

在互联网不可缺少的搜索网站中，占据世界第一的是谷歌（Google）。谷歌将“搜索”作为“武器”，创造出新的商业广告模式。

代表性的是搜索联动型广告“Adwars”。例如，如果输入“搬家报价”进行搜索，在显示所需信息的同时，谷歌也会显示有关搬家公司的广告，这对寻求服务和提供服务的人，都是合适的显示内容。

谷歌的销售额已经达到了660亿美元（2014年），其中约9成来自广告业务。广告费用以点击为准，搜集数据提高广告精度，直接促进了销售额的增加。因此，谷歌除了提供搜索服务，还免费提供云邮件（如Gmail）、视频共享（如Youtube）、地图等各种各样的服务。根据庞大的用户使用数据，可以判断出哪个广告最适合哪个用户。

并且，谷歌还把大数据用于人工智能和汽车自动驾驶等的研发，扩大了业务范围。

进一步优化

如果搜索到，马上就能购买——“用谷歌购买”按钮

谷歌开始致力于移动购物，其中一个例子就是“用谷歌购买”按钮，2015年11月时正在测试。该功能仅需点击按钮即可购买在移动终端上搜索到的商品，使用很便利。这种新的广告引人注目，期望能增加广告主店铺的销售额。

显示与搜索词语相关的广告

显示与搜索词语相关的广告（搜索联动型广告）

根据使用者感兴趣的内容或时机，可以显示相关的广告，也可以用时间段或者像“店铺距离所在地半径在 1 公里以内”这样的表述有选择地显示广告。

给以前看过网站的人推送广告，返回视图（营销功能）

以前浏览了网站 A 的人浏览别的网站时，会显示网站 A 的广告，没有购买网站 A 的商品的人，可能会再次回到网站购买。

①通过输入注册的 ID 和密码，来确认是否为本人。

大数据案例

亚马逊的推荐策略

买了这个商品的人也“买了”那个商品，除了人气商品外也能买其他商品

购物和历史行为成为推荐的参考材料

数据搜集　使用者的购买、历史行为

你买了什么？
搜集什么时候、几个、几次、隔了多久买了、一起买了什么等数据，按使用者归类整理。

买之前的行为是什么？
搜索了什么、看了哪个商品的页面、看了但是没买的商品是什么、想要的东西的清单里面有什么、阅览了多少页面、浏览时间等数据。

↓

数据分析　确定购买模式

买了 A 的人，可能购买 B 和 C。
买了 A 的人还买了 D。

↓

推荐　显示推荐商品

买了这个商品的人也买了另一些商品，
经常一起买的商品是什么？
看完这个商品后买的是什么？

搜集、分析商品购买历史和网站浏览历史等计算出买方的图形，显示推荐商品。

亚马逊（Amazon）在网上商店领域起步很早，原本是经营出版物的在线书店，现在是经营家电和食品等多种商品的世界最大的网络邮购网站之一。

“推荐商品”功能是亚马逊业绩强劲增长的动力之一。

通过分析顾客的各种各样的数据，亚马逊为顾客推荐具有相似爱好的人购买的商品，展示在消费者面前，刺激其购买欲望。

人气商品以外的销售额增加

网上商店除了人气商品以外，还可以低成本销售其他商品，增加商品的销售量。亚马逊根据个人喜好和需求显示了推荐商品，人气商品以外的销售额也提高了。

虽然顾客也有被推荐不合自己口味的商品，但是也会遇到意想不到的有魅力的商品。

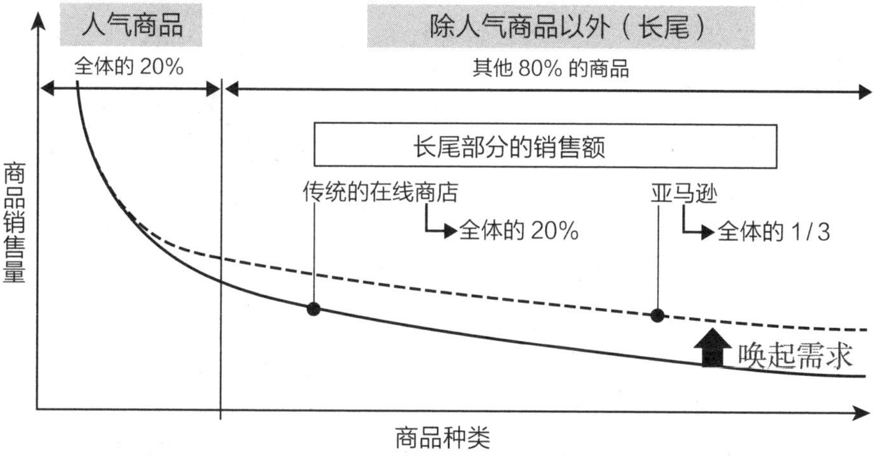

把在线商店的商品种类和销售量做成图表，人气商品以外的部分就像恐龙的尾巴一样，被称为长尾。

下单前已经把商品送达附近

分析顾客数据，可以预测下一次什么时候买什么。亚马逊在顾客订货前将商品送到送货地附近的仓库，取得订单后即可马上送达。就像去实体店一样，顾客在想要的时候就能马上买到商品，这样的网络环境正在不断完善。

另外，亚马逊为了管理庞大的数据而将本公司构筑的系统借用给其他公司，开展了云服务，在云市场上占有压倒性的份额。

大数据案例

日本最大的烹饪网站
夏天“鳄梨盖浇饭”的搜索量大增，在店面搜集材料提高销售额

食谱的搜索为卖场带来启示

数据搜集 材料和食谱有关的搜索

使用者用材料和关键词（翻拍、简单、大量、女儿节、午饭等）搜索厨房菜谱，搜集这些搜索词及其组合。

数据分析 夏天“盖浇饭”的搜索量增加

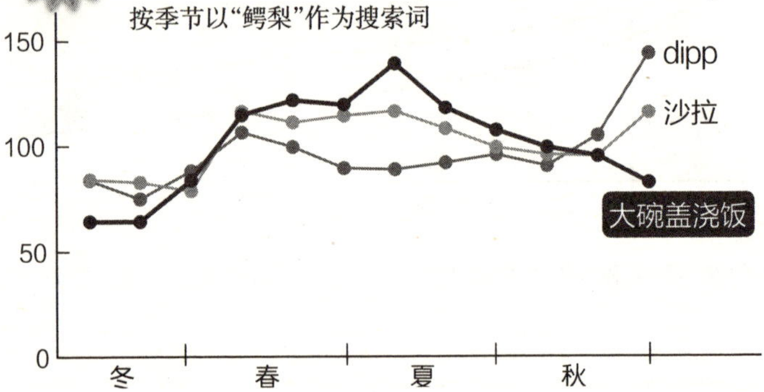

根据季节和“鳄梨”一起搜索的词语，在夏天搜索量增加的不是沙拉和 dipp，而是“大碗盖浇饭”。

资料来源：由“促销会议”2014 年 6 月绘制。

不知道该吃什么的时候，只需输入手头的食材就能从超过 200 万份食谱中搜索出合适的菜式，这就是以 20 ～ 40 岁女性为主，每月总计 5 500 万以上人次使用的人气网站的做法。

该网站提供原创食谱参考。例如，输入“鳄梨盖浇饭”，相关食谱立即显示出来，如果一个人依照食谱做成功了，就会把照片上传，与所有人一起交流心得，这也是该网站受欢迎的理由之一。

鳄梨、酱油销售较前周增加170% 以上

鳄梨盖浇饭材料销售额提高

在宣传活动期间，不仅仅是鳄梨盖浇饭的食材销量提高了，调味料的销售额目标也顺利完成了。

家庭咖啡风鳄梨食谱实施活动

以烹饪网站的搜索数据为基础，2013 年 7 月在超市“生活”上开展了鳄梨盖浇饭制作活动。

- 创建组合页面

在烹饪网站上，汇集了制作鳄梨盖浇饭食谱的组合页面（见右边的图片）。

- 发传单

在鳄梨的基础上，还制作了介绍食谱中涉及的特价食材（猪肉、三文鱼、酱油等）的传单。

- 开设柜台

超市专门开设了汇集鳄梨盖浇饭食材的档口。

查词分析
把握菜谱的流行趋势

在烹饪网站上搜索的词语汇集成信息的宝库，向零售业和食品制造厂等提供这些信息。它们通过各种切入点来分析搜索词，就会弄清楚大众的需求。

今年夏天，“鳄梨”和“大碗盖浇饭”被大量搜索，一家连锁超市依据此结果，设想主妇不想在炎热的厨房里站着，因此更愿意制作盖浇饭，于是提出了鳄梨和盖浇饭组合的料理，并开展了“家庭咖啡风鳄梨食谱实施活动”，销量较上周增加了 170% 以上。

开发畅销的新商品

客人真正想要的东西，数据会告诉我

能够进行更客观、更准确的调查和分析

截至目前 客观信息不容易看懂

POS机数据

记录商品出售的时间、价格、地点、商品畅销的时间。

缺点 不知道是谁买的。

便利店会在收银台输入顾客的年龄和性别，但不一定是正确的。

问卷调查
采访，访谈

网络问卷调查、采访新商品的目标客户等，调查顾客对商品和服务的感想和希望等。

缺点

不知道能不能听到真实的声音，很难搜集到大量的数据。

客人的声音

呼叫中心和明信片等搜集了很多顾客的咨询、抱怨和感想等，这些信息有助于商品的开发和改良。

缺点 声音和明信片信息没有数据化，难以分析。

在将很多商品投入市场之前，企业都很有信心：“绝对会成功！”但是事实上，商品可能并不像想象的那样畅销。为了避免这种风险，企业尝试了各种各样的市场调查，对照积累的直觉和经验，进而做出决策。

这种做法在大数据时代开始发生变化。

问卷调查这样的方式仅仅是搜集顾客过去的声音，对于消费者“真正想要的”东西和服务，很难从问卷中得到他们的“真心话”。

使用大数据

谁买了？买了什么？买了几次？由此可以方便地了解客户的真实想法

正确、客观地了解购买者的信息

顾客购买商品时根据价格获得的积分服务，乘坐交通工具和购物时使用的 IC 卡、电子货币，这些都要事先登记姓名、性别、出生日期等，顾客在支付时使用，会自动搜集谁买了什么、买了几次这样的数据。

例 积分服务（Ponta、T 点等）
交通 IC 卡（Suica、PASMO、ICOCA、PiTaPa、TOICA 等）；
电子货币（交通 IC 卡、乐天 Edy、nanaco 等）。

理解直接的感想

采访和调查具有特殊的环境，客户可能不会坦率告知。相比而言，个人在互联网上写的对商品的感想会真实得多。也有很多口碑网站，个人会在上面对商品和服务进行自由评价。

例 SNS，社交网络（Facebook 等）
口碑网站（价格 .com、@ cosme、饮食记录等）；
在线商店的评论（亚马逊、乐天商场等）。

进一步优化

客人的声音数据化

调查结果、电话问询等客户的声音内容，可以通过软件进行数据化，进而可加以保存、汇集、分析和利用。

从数据中可以看出消费者的行为模式、嗜好、心理动向等，有助于对商品目标层进行分析。

与此相比，积分卡和 SNS 等除了能够搜集年龄、性别、居住地等数据之外，更重要的是可以搜集购买历史和检索历史等信息，联合分析多种多样的数据，能高精度推断客户的购物行为和爱好等。

大数据案例

自动售货机

从Suica数据中诞生不掉瓶盖的塑料瓶

传统商品行业竞争激烈，稍微一个想法就能拉开决定性的差距，有助于销售额的提高。比如，JR 东日本公司的“不掉瓶盖的塑料瓶”。

该公司在车站（ekinaka）内设置了自动售货机，结算终端支持以 Suica 为首的交通 IC 卡。该公司在分析矿泉水的补货情况的时候，使用了 ekinaka 自动售货机的交通系统 IC 卡 POS 机数据。结果表明，上午在东京 23 区外购买 From-Aquar 的人特别多。

设想是“从东京郊外到市中心上下班的人购买了这种水”，他们是想要可以“随身携带的水”。为了验证这个设想，JR 东日本公司进行了专门调查，约 7 成的人回答：“有过丢失塑料瓶瓶盖的经历”，因此购买了不会掉瓶盖的水。

由此进行了商品开发，在乘车前购买新的 From-Aquar 瓶装水的人的数量大幅增加。

进一步优化

下一代自动售货机 只要站在前面就能看到推荐的商品

设置在车站内的 JR 东日本公司的带有大型触摸屏的自动售货机，前面没人时会根据气温和时间显示广告等内容，前面有人就可以看到贩卖中的饮料的图像。更进一步，传感器可以判断站在前面的人的年龄和性别，从而选择合适的商品进行推荐。

从数据可以知道购买场所、喝水场地

搜集电子货币、单品销售时间等结算终端数据。

约 8 000 台 Ekina 自动售货机搭载有 Suica 结算终端，可以搜集单品销售时间、购买历史、购买者的属性等结算终端数据。

数据
分析

23区外居住者按时间段的购买数量

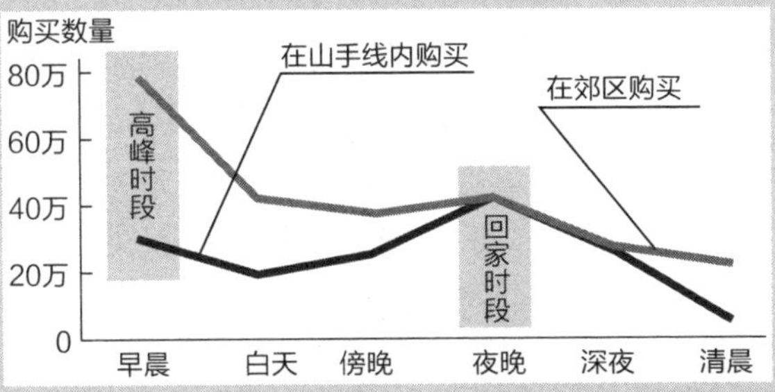

资料来源：JR东日本公司发表的资料（Suica积分俱乐部会员2011年1—12月数据）。

自动售货机结算终端数据

上车前买。

对居住在郊外（23 区外）的商务人士和白领女性的购买行为进行居住区域、购买区域、时间段销售额的分析，可以判断出他们在上车前就买水了。

网络调查

70% 的人有在行进中丢失瓶盖的经历。

他们在上车前买矿泉水，行进中饮用，有过丢失塑料瓶瓶盖的经历。

想随身携带的水是？

不会掉瓶盖的矿泉水瓶诞生了

大数据案例

罗森的绿色奶油

回头客不断增加，半年销量达到 1 000 万份

在便利店里，店员在收银台搜集顾客信息帮助促进销售，只是这种搜集信息的方式很简单。现在有了积分卡和电子货币，根据顾客申请积分卡时登记的信息，可以知道“是谁？在哪里？购买了几次？”这样的信息。通过掌握每一种商品的销售情况，可以开发出畅销商品。

罗森就是这样做的，其绿色奶油在半年内[①]销售了 1 000 万份，大受欢迎。这应该归功于罗森的“Ponta”共同点程序，这个程序使用了罗森超过 7 261 万会员的相关数据。

绿色奶油是指将蔬菜、水果和水一起搅拌混合的果汁，对健康和美容有好处，尤其受女性客户的欢迎。不过，每天在自己家制作很浪费时间，因此，为了方便，罗森的绿色奶油诞生了。

从发售后的数据来看，在受到女性欢迎的同时，回头客也在增加。罗森顺势通过发布 POP 广告[②]、发布电视广告、扩大销售空间等方法，进一步提高了消费者的认知度，男性客户的回头率也开始增加，绿色奶油成为罗森的畅销商品。

关键词

共同点程序

在便利店、餐饮店、服装店、加油站、宾馆、银行等合作的各种店铺和服务中都有积分服务，其中具有代表性的有“Ponta”“T 点”“乐天超市点”等。

企业搜集顾客的消费行为数据，有助于进行营销等活动。

① 截至 2015 年 10 月底。
② POP 是“point of purchase”的缩写，POP 广告即店面和店内设置的商品广告。

用数据预测畅销品

数据搜集

谁？什么时候？买了几次？

搜集购买绿色奶油的 Ponta 卡使用者的数据（例如，谁？什么时候？购买了几次？）。

7 月，在发售约 2 个月后，在店铺展示了 A4 纸大小的 POP 广告。

数据分析

根据重复率预测畅销品 POP广告和电视广告投入

在发售 5 个月后，会员的回头率（反复购买商品的人的比例）急剧上升。由于大受欢迎的可能性很大，7 月在店面发布 POP 广告，9 月播放电视广告，每次都使购买会员数剧增。

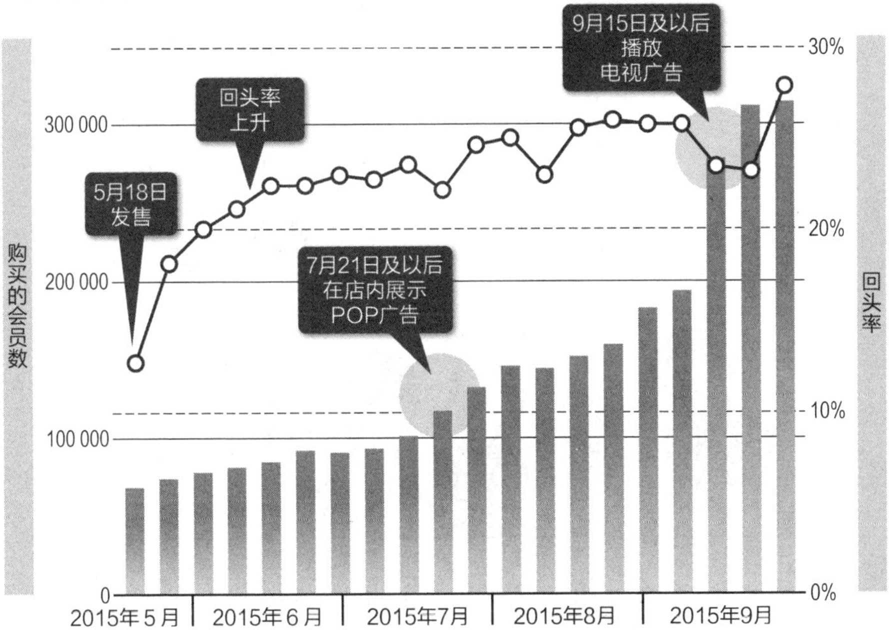

资料来源：罗森株式会社资料（2015 年 5 月 18 日—10 月 4 日，全日本的店铺数据）。对于购买会员数，其间购买 1 次的会员作为 1 人计数。

大约半年内销售了1 000万份
大为畅销

改变人的动向

从数据看人的动向，找出解决问题的方法

利用手机、智能手机、IC 卡等，企业开始尝试将人的动作数据化。

例如，利用 GPS 可以了解人的运动历史，并可视化每小时的移动情况。如果把这种数据用作职员的勤怠管理和营业记录，也能刷新工作效率。

通过搜集、分析人的位置的信息数据，在人多的场所和时间段，可以创造出新的价值和新的商务活动。

从人的动向中寻找解决办法

数据搜集

知道现在身在何处

例 搭载 GPS 的手机、汽车导航仪

使用人造卫星，定位人的位置，但是不能把握人在室内的位置。

知道是在哪里使用服务的

例 交通类 IC 卡（Suica、ICOCA 等）、带 IC 卡的手机

从交通系统 IC 卡上可以看出，谁从哪里到了哪个车站。使用手机结算功能可以知道是谁在什么地方购买的商品。

只有在到了某个地方的时候才能知道

例 搭载 iBeacon（一种低功耗蓝牙微定位技术。——译者注）的智能手机

还有一种通信技术，就是在商店、电影院等特定的室内，一旦有拿着手机的人靠近，就会感知到这一情况并向手机发送打折券。

↓

数据分析

分析想要改善的关联要素

分析销售额、营业成绩、招揽顾客数量等需要改善的主要因素和人的行为之间的关联，给解决问题以启发。

↓

问题解决

大数据案例

城崎温泉数码外汤券
手机可以使用的外汤券

泡温泉是温泉旅行的乐趣之一，泡温泉带钱包不方便，但是支付浴资、饮食、土特产时又需要钱。

位于兵库县北部的城崎温泉，以前就开发了一种系统，使得客人可以穿着旅馆浴衣去餐饮店等地方，退房时再支付“账单”。受此启发，利用手机和 IC 卡上搭载的菲利卡①支付功能，开发出外出泡温泉时用的门票和账单支付的数字化的“梦巴”。“梦巴”被导入以后，使用者只需用手机等扫描就可以支付浴资、饮食，不用现金就可以在室外泡温泉了。

“梦巴”同时可以搜集特定的个人的历史信息。到目前为止，它虽然经验性地捕捉到了游客的行动，但是通过数据分析可以客观地了解游客的行动线路和销售额的关系。比如，在热闹的外汤大道上，店铺关门时间的变更，对销售额相关的活动企划有所帮助。同时，搜集的数据也能用于改善功能，以方便使用。

进一步优化

外国游客的国内移动位置分析

吸引外国游客是政府提出的增长战略之一。观光厅利用大数据探索观光立国之路。它除了从 Twitter 等 SNS 的留言中分析外国游客的喜好和满意度之外，也开始在得到游客本人同意后通过智能手机 App 搜集位置信息，分析外国游客在国内的实际移动情况。

①菲利卡（FeliCa）：只需拿着手机等就能进行高速数据通信的IC卡技术。

用数码外汤券了解游客的运动和消费状况

引进数码外汤券

住宿客人泡温泉很方便

通过手机、IC 卡等可购买进入室外温泉必需的外汤券，可以轻松地享受多次室外温泉。

不带钱包也可以购物

在温泉旁购物、吃饭的时候也可以使用“梦巴”，所以散步时只要拿着手机、IC 卡就行。

因为记录了什么时候进入了哪个室外温泉，即使出来了，也能使用“梦巴”掌握室外温泉的拥挤状况。

数据搜集

观光客的属性和行动

利用“梦巴”，可以搜集游客何时、何地、利用了什么服务等数据，也可以知道温泉街商店的购买金额。

数据分析

提高销售额的活动判断

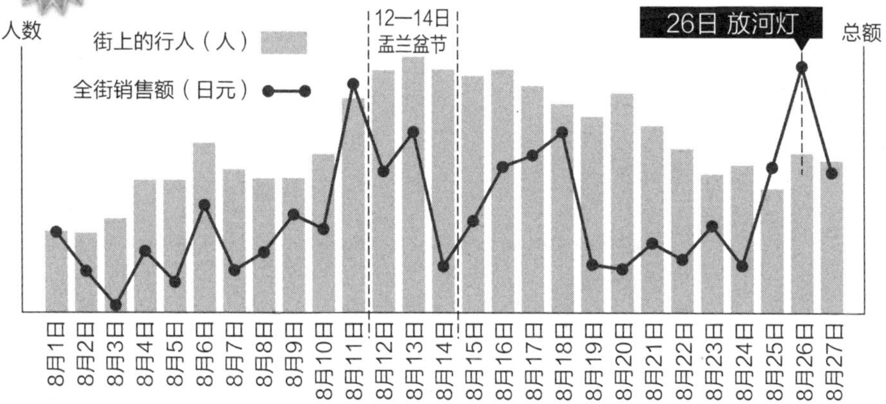

2011 年 8 月，全城人员和账单销售额的关系。出行人数最多的是盂兰盆节期间的 12—14 日，销售额最多的是举办放河灯的 26 日。

资料来源：根据独立行政法人产业技术综合研究所《引进行动观测技术的温泉和有效利用顾客的行动数据》编写。

不是顾客数，而是散步时长增加了销售额?

大数据案例

呼叫中心的订单业务

只是愉快地休息了一下，订单率就提高了 13%

谁和谁交流活跃？使用数据可视化可以发现人与人之间的联系和活跃度，同时可以发现与此相关的其他现象。

气氛良好的团队业绩会比较好，不过，建立和管理这样的团队对领导来说很难，而通过数据分析可以提高业绩。

呼叫中心的工作之一是电话业务，根据部门的不同，订单率也有所差异。为了知道原因，推销员需要佩戴装有各种传感器的名片，从传感器得到的数据将“联系”数值化，可显示员工在休息时间的对话活跃度。

一般认为接受订单率与营业技能有关系，同时与员工的活跃度也有关联。并且如果在休息时间上下功夫，订单率可以提高 13%，所以凭经验知道的事，用数据也可以证实。

进一步优化

在虚拟商店读懂顾客的心理活动

消费品制造商宝洁公司（P&G）正在进行将顾客购物时的“心理活动”数据化的实验。在大屏幕上显示虚拟商店，在试验者从陈列架上选择产品的瞬间，心跳、出汗、眼睛和手的动作被数据化了。分析结果被用于品牌形象分析、顾客满意度推定等。

用小型传感器将成员的行动数据化

雷亚社区
镜头任务

每个呼叫中心的订单率都不同

通过电话推销某个服务，每个呼叫中心的推销成功件数（订单率）有差异。

数据搜集

搜集呼叫中心成员的行动数据

将名片型传感器嵌入红外线传感器、感知身体运动的加速度传感器、测量声音的音量传感器等，打电话的操作员和监督者等所有相关人员都需要安装。

可检测的信息

- 和谁什么时候见面？见面几分钟？
- 会话中的活跃度如何？
- 在哪里？

用名片型传感器和信标搜集成员的行动数据。

数据分析

操作员的技能和订单率数据

搜集实际打电话的操作员的营业技能、经验年数、每天的订单率、个人的性格等数据，分析它们与行动数据的关联。

影响订单率的是什么？

休息时有没有愉快对话？

休息中会话活跃的，日订单率也会有所提高。

各年龄层4人组队休息

为了提高休息中的活跃度，在订单率较低的呼叫中心里，各年龄层 4 人组成团队，同时进行休息。

休息中的活跃度提高10%
订单率提高13%

大数据案例

从网店诱导到实体店的“O2O”
实体店优惠券推送和库存检索

智能手机应用程序（APP）的离线销售额上升

日本出租车

只需用手机地图指定位置，
就可以呼叫附近的出租车

想叫出租车，就要等出租车路过，或是打电话说明地点。如果使用智能手机和车载 GPS 的应用程序（APP）“日本出租车”，只要指定手机地图上希望车来的位置，就可以叫到附近的出租车。现在日本 47 个都道府县有 2 万辆以上出租车可以使用。2015 年 10 月经由 APP 的销售额累计超过 85 亿日元。

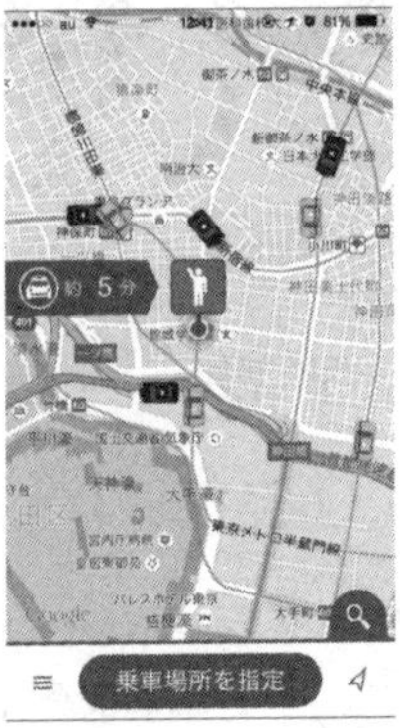

应用程序[①]的主要功能
·在地图上委托出租车派车
·查找路线和费用
·优惠券配置

现在，从汽车、家电到铅笔都可以在互联网上购买，对实体店来说，网店构成了威胁。于是，利用互联网，出现了对实体店进行升级的“线上到线下”(online to offline，O2O）服务。

O2O 有各种形式，有代表性的是向智能手机 APP 发送实体店优惠券，检索实体店库存等形式。

值得期待的一种 O2O 形式是把实体店作为展览室或体验馆，顾客在实体店确认商品，在更便宜的网店进行购买。

①又称应用软件，用于文字处理机、邮件、游戏等，是在个人计算机和智能手机等设备上为了实现一些特定功能而开发的。

关键词

iBeacon

接近特定的场所，自动向手机配送优惠券等

“iBeacon”作为新的O2O工具而被关注。该程序被用于苹果公司的智能手机“iPhone”（iOS7以上版本），实现了“在进入影院后，下一次上映作品的打折券会自动推送到智能手机上”的功能。如果拿着预先安装了应用程序的智能手机进入店铺等特定的地方，智能手机会接收到电波。智能手机会自动向服务器询问信息，并接收有关内容（参见下图）。iBeacon也能被用于分析店内人流等活动。

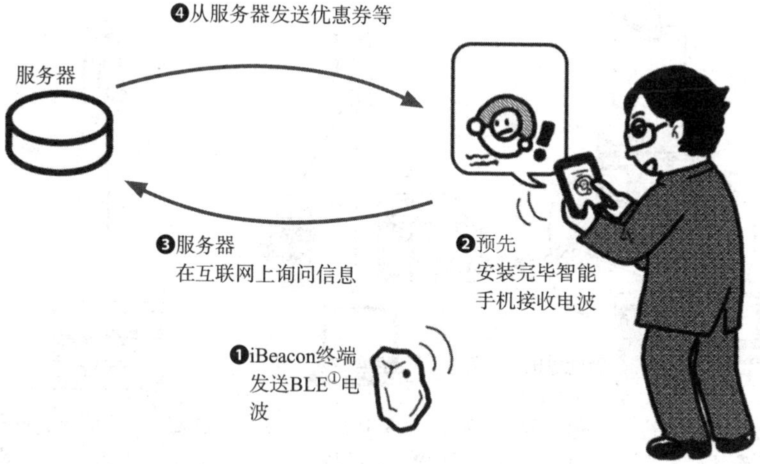

① BLE是“bluetooth low energy”的简称。蓝牙（bluetooth）是无线鼠标、耳机等使用的，在近距离进行无线通信的通信标准，其优点是功耗小。

关键词

欧姆尼通道

在商店、网络、家中都可以买到或领取

随着智能手机的普及，展厅模式对零售业也产生了冲击。因此，最先考虑的应该是让顾客随时随地都能方便地购物，这可以通过让实体店在线商店的库存数据和顾客数据进行融合来实现。比如，用智能手机确认店铺的库存，在实体店进行购买。

这个在美国诞生的概念，日本柒和伊控股公司和 Paruko 公司等也进行了尝试。

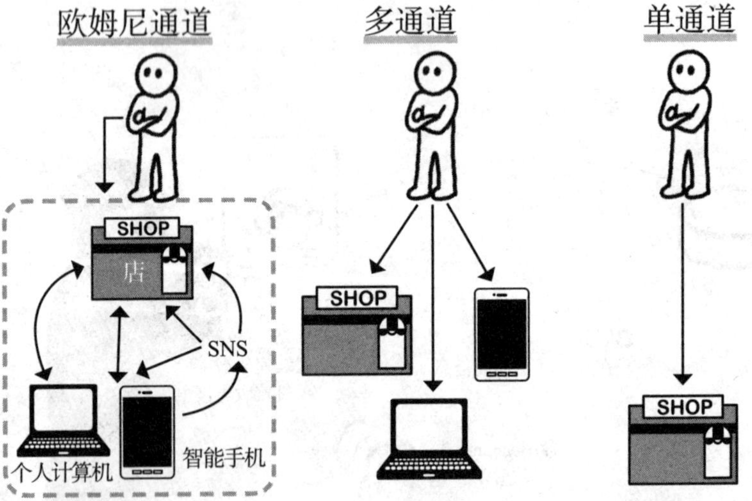

找到商品，进行讨论。购买或领取的方法和地点都能选择。比如，用智能手机订购通过 SNS 知道的商品，在实体店也能领取。

商店、网上商店，在不同的地方以不同的方法找到商品，了解、购买、领取商品。

在商店（实体店）查看商品，讨论、购买、当场领取。

第3章

为什么家电和机械都变“聪明”了？

从物品中搜集数据以产生新的价值

BIG DATA

东西都变“聪明”了

使用信息通信技术以实现社会的无浪费和便利目标

正如智能手机和智能家电一样，我们经常听到“智能”这个词，智能有“聪明”的意思，表示更加进化了。例如，只需触摸智能手机液晶屏幕即可操作，通过应用程序可以进行各种各样的操作。

能连接互联网是智能的基础，智能手机和智能家电连接到网络，交换各种各样的信息，大数据就是通过这些智能的东西而产生的。

关键字

IoT：所有东西都与互联网相连；M2M：机器互联，直接通信

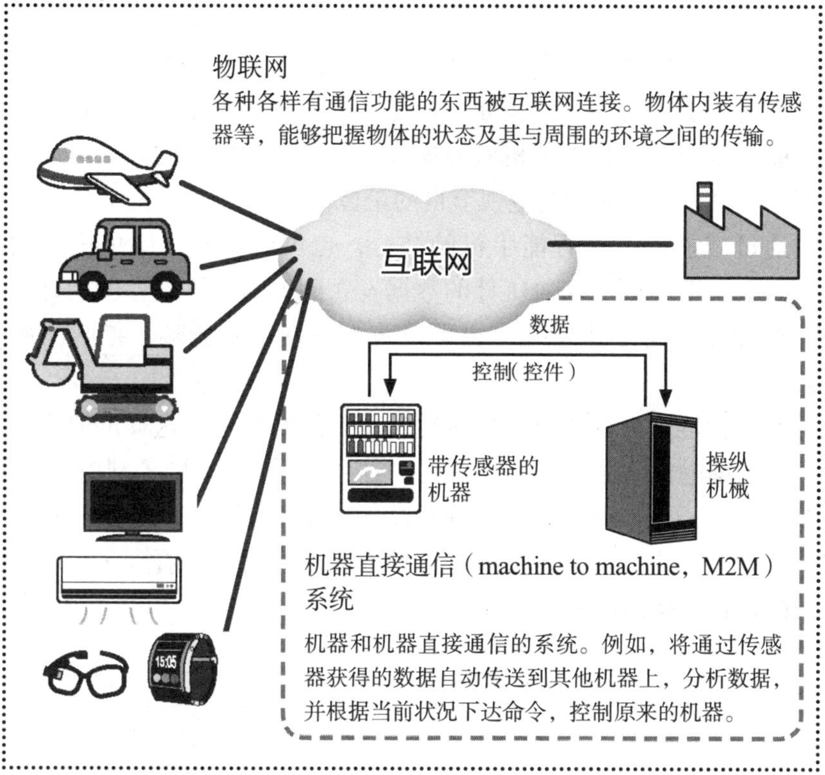

由于 ICT 的发展，汽车、家电、工厂的生产设备等所有东西都可以连接到互联网，这就产生了创新。例如，通过网络监控设备的运行状况，可以实现故障前的维护。

如上所述，物联网被称为 IoT。预计到 2020 年，世界上将有 500 亿个物体被连接到网络。

物体被连接到网络，就能自动交换信息。比如，在刷卡购买自动售货机中的商品时，刷卡时的商品信息、个人信息等就会被发送到服务器，这种机器之间的通信被称为 M2M。

大数据案例

身边的 IoT：智能家电

更易用、异地也能操控的家电，使用时间序列数据进行分析

人们将生活家电连接到互联网，致力于“智能化”，使智能手机成为家电智能化的钥匙。例如，现在各种家电需要专用的遥控器，以后智能家电用一台智能手机就能操作。于是，在回家的路上可以打开空调，也可以在外面预约电视节目的录像。

通过智能家电和智能手机的结合，也可以对使用历史进行数据化。例如，把体重秤和血压计的数据发送到智能手机上，图表化每天的体重和血压的变化情况；也可以将数据发送到云端，接收减肥的建议。

使用智能家电的数据，产生对生活有用的服务，这样的研究也开始了。大型电机制造商松下公司与富士通公司共同开展了利用微波炉、智能手机、云计算服务调查冷冻食品使用状况的实验。通过分析智能家电的使用历史，在开发更有魅力的商品的同时，也看到了超越行业界限的各种各样的商业可能性。

智能家电的例子

空调

使用手机从房间外就能控制空调，回家的时候房间可以拥有适宜的温度。用感知人的活动的传感器，能检查孩子在家和离家的状况。它也有只向有人在的地方送气流的节电功能。

数码相机

可以用智能手机从远处控制相机，也可以向 SNS 上传已拍照片和视频。

电饭锅

用智能手机可以设定基于米饭的品种、喜欢的口感等的不同的煮法，也可以根据食谱检索和设定电饭锅。

通过微波炉了解冷冻食品的使用情况

对获得了信息搜集许可的智能家电进行监控，使用具有智能家电功能的微波炉和智能手机搜集数据，进行“冷冻食品实际上是怎么被吃的？”的调查实验。

问题

如何从冷冻食品的实际使用情况考虑开发新的服务？

数据搜集 使用者 用智能手机和微波炉烹饪冷冻食品

为了烹调想吃的冷冻食品，用微波炉设定好模式，用智能手机接收数据。

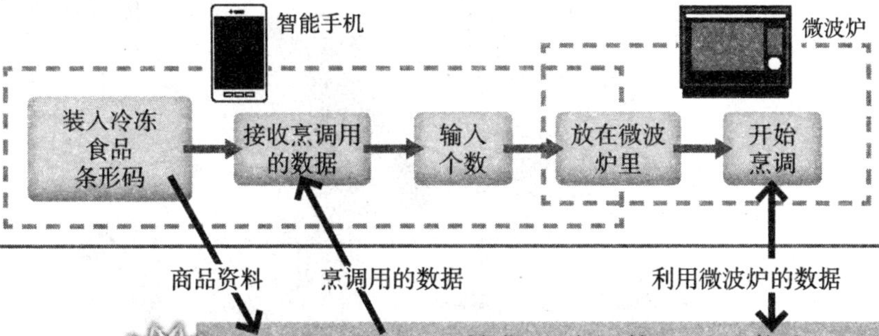

数据分析 数据中心 搜集、分析使用时的信息

冷冻食品在什么时候、被什么人、吃了几个？把这些数据上传到云端，分析数据得到实际使用情况的信息。

“冷冻意大利面不仅能饱腹，而且热量很低，40多岁的男性半夜都将其作为夜宵来吃”，这一看似意外的使用情况已经变得显而易见了。

新的价值 可以考虑的服务是？

● 面向冷冻食品制造商

通过了解烹饪商品的情况，可以对开发新商品有所启发。

● 面向食品批发公司

预测某种冷冻食品可能的需求数量，调整仓库库存和配送计划。

● 超市等零售业

根据用户各自的喜好和生活方式，可以考虑向手机发送特价信息和优惠券。

身边的 IoT：衣服和垃圾箱

大数据案例　用知道身体状况的工作服保护工作人员，用可通知垃圾量的垃圾箱削减成本

街上也有各种各样的IoT

建筑机械

搜集和运用位置信息及运转状况

在建筑机械上安装各种传感器，搜集建筑机械的位置信息和运转状况数据，用于机械的维护和使用。

在大街上，各种各样的东西都连接着互联网，这里给出的只是一个例子。

●美国费城

位于美国东海岸的费城，把市内 700 个垃圾箱中的 500 个置换成大莓太阳能垃圾箱，这样做可以大幅削减成本和人手，参见下表。

	使用前	使用后
垃圾回收	一周 17 次	一周 3 次
工作人员	33 人	9 人
回收转移	3 班	1 班
年成本	230 万美元	72 万美元

资料来源：日本系统软件株式会社官网。

知道身体状况的工作服

用传感器材料制作的衣服，可以自动检查建筑现场工作人员的身体状况

功能材料 hitoe 所测量的心跳、心电位等经由智能手机发送到云端，经过专业分析之后，可以在计算机和手机等终端上实时显示身体状况。

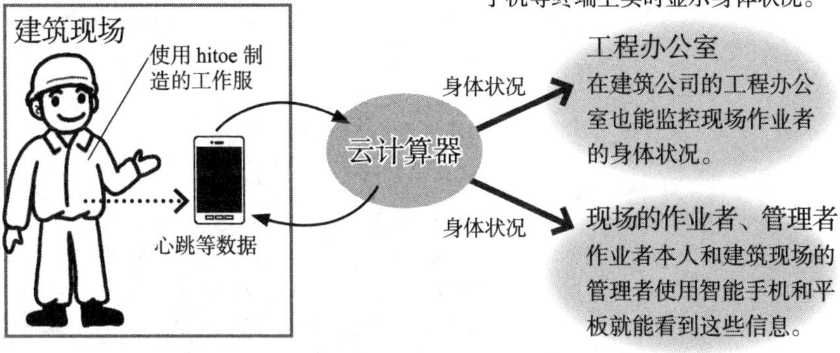

在严酷的盛夏，预防建筑现场作业人员中暑，是确保现场安全不可或缺的措施。大型建筑公司大林组，通过实时取得作业人员的心跳等生物信息进行监控，用功能材料制作的工作服能连续测量心跳和心电位等生物信息，通过分析取得的数据，实时监控身体状况，以构筑更安全、更有效率的管理体制。

智能垃圾箱

利用能够探测垃圾积蓄状态的垃圾箱提高搜集效率

大莓太阳能垃圾箱利用手机的通信网将垃圾的积蓄状况实时发送给管理者。通过搜集各垃圾箱的信息，计算出最合适的收垃圾路线，可以缩短工作时间、削减燃料费、重新配置负责人等，实现各方面的优化。在垃圾多的地区增设垃圾箱，反之则撤去，优化了垃圾箱的配置。以美国为首，大莓太阳能垃圾箱已经被用于全球超过 45 个国家，大大提高了工作效率。通过移动终端确认各个垃圾箱的情况，有的垃圾箱还具有自动压缩垃圾的功能。

智能社区

进一步优化

用 ICT 连接社区，有效利用能源

社区内融合

在智能社区中，使用网络连接同一个社区，通过 ICT 有效控制能源的供给。

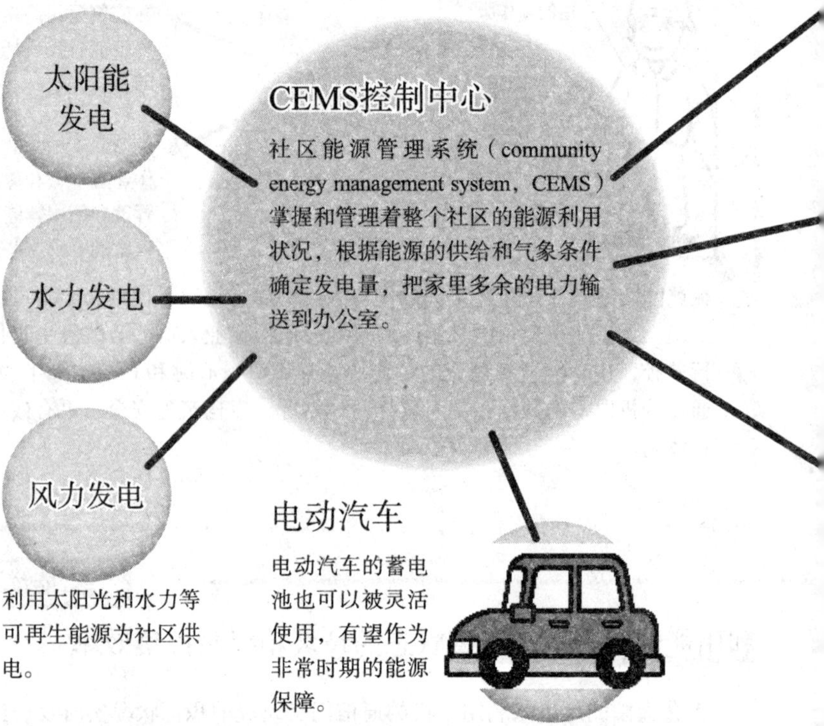

迄今为止，大规模远距离发电仍是主流，这个方式可以稳定供电但浪费也多，当自然灾害发生时，电力修复也困难。因此，日本为了从根本上重新评估输电网，设计了“智能网格（下一代输电网）”。

智能网格利用 ICT 来平衡电力的需求和供给，利用太阳能等可再生能源在用户附近发电，用户通过能源管理系统高效地使用电力资源，根据实际使用情况为社区供给电力。

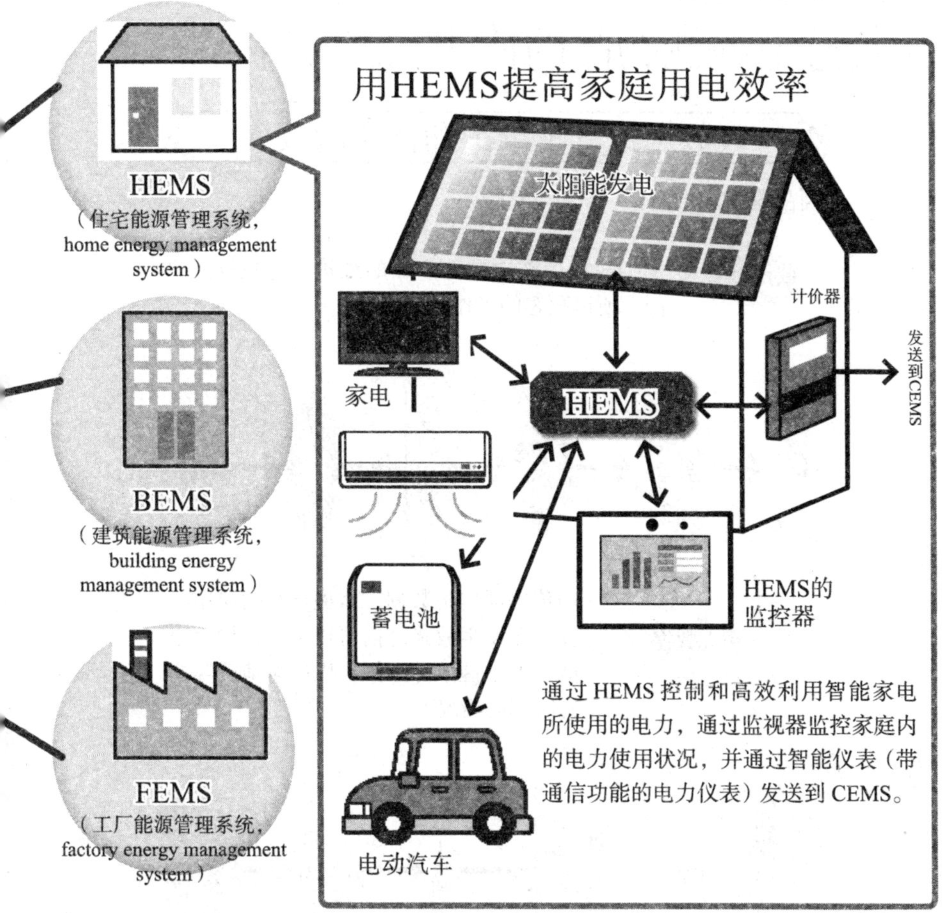

在 4 个城市进行实验，适当节约用电

智能社区概念重新评估了包含交通网在内的全部生活方式，2010—2014 年，横滨市、丰田市、学研都市、北九州市对此进行了试点实验。

这 4 个城市不仅进行了技术方面的验证，还实现了家电和热水器等的控制，根据能源使用量来控制供给方，配置电动汽车环境，创造出了不输于以往舒适性和便利性的新服务体系，为该技术标准化提供了可能。

快速维护和使用

用传感器检测物品的使用状况和异常情况

大数据提升了维护和使用的效率

因故障停止工作

截至目前 发生故障后需要进行产品的维护，寻找故障原因，所以顾客的工作必须停止。

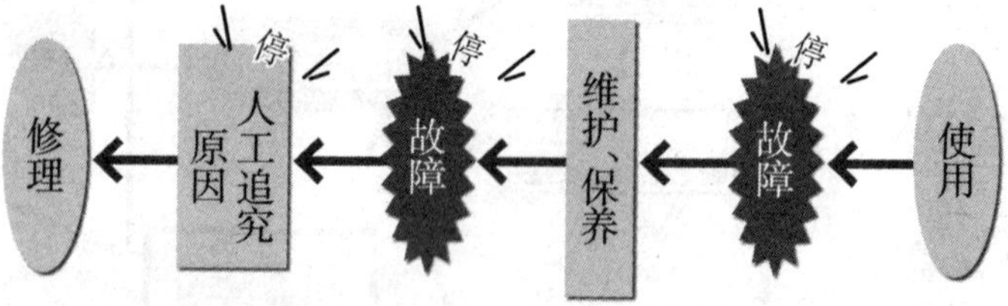

使用大数据 用传感器搜集数据，掌握产品的使用状况，在发生故障之前可以进行维护，也能马上掌握故障原因，以应对地震等非常时期的情况。

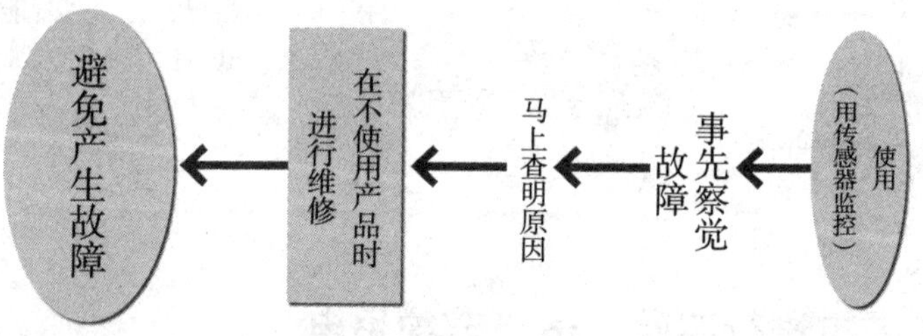

工厂设备出现故障会给生产带来很大的损失，因此，平时的维护和管理就很重要。然而，由于机器的使用频率和使用环境等的不同，需要维护的时间也不一样，定期检查也可能是不必要的浪费。

在设备上安装传感器可以减少这样的浪费。通过检测人的眼睛无法察觉的异常，传感器能够预测故障，从而根据机器的状况进行维护和管理，提升工作效率。

解决技术不足、人手不足问题

截至目前

产品变得复杂，顾客纠纷难以应对，熟练的工作人员和帮手都不足。

使用大数据

用传感器监控物品的状态，能自动掌握人无法感知的异常和原因，能大幅降低维护人员数量。同时，经验不足的工作人员也能应对自如。

如果有大数据，即使经验不足的工作人员也能像熟练的工作人员那样应对自如。

销售产品和解决方案的制造业

截至目前

制造商要是制造产品进行销售，让顾客使用，维护是附加服务。

使用大数据

制造商不仅销售产品，还销售产品附带的服务。从传感器获得大数据，不会使产品因故障而停止工作。此外，还可提供对客户有价值的新服务。

创造新服务，解决社会问题

以前，制造商主要是生产和交货，维护是次要的。现在，通过在产品上安装传感器，进行数据搜集、分析，制造商正在延长包括维护和运用在内的产品生命周期。

同时，通过安装传感器，桥梁和隧道等社会基础设施的管理也开始利用大数据。

日本国内的很多社会基础设施集中建设于日本高速成长的时期，目前正在不断老化。为了防止重大事故发生、保护人民安全，安装传感器来搜集数据已经迫在眉睫了。

大数据案例

桥梁监控系统

实时监控桥梁变化和振动，在早期发现状态恶化和防止灾害发生

通过大量传感器掌握桥梁状态

数据搜集　实时搜集有关桥梁的数据

桥梁上的传感器

↓

应变数据　振动数据　倾斜数据　移动数据

桥梁上设置有温度计、应变计、加速度计、位移计等传感器，实时搜集数据。

东京门桥是使用桥梁监控系统的代表，全长约 2.6km，形状特殊。

桥梁监控系统通过传感器搜集大数据。在桥梁上设置有很多传感器，不间断地监控桥梁的变形、伸缩、负荷等变化情况，有助于桥梁的维护和使用。

目前，拥有专业知识的监控员通过目测来掌握桥梁状态的方法是主流。传感器可以将这些监控员的经验和知识数据化，转化成客观的数据，方便人们使用，这可以产生新的技术。

数据在平时和灾害时都有用

数据分析

从传感器搜集的数据有助于平时的维护和运用，同时也有望在灾害时被作为制定对策的依据来使用。

在防灾活动中发挥作用

如果发生大地震之类的灾害，桥梁会受到怎样的损伤？这可以根据数据进行预先分析。即使发生大地震，桥梁禁止通行，也可以根据分析结果迅速进行检查，尽快解除隐患。

根据桥梁年龄预测其老化程度

桥梁会随着气温的变化而伸缩，通过持续监控温度和位置的变化数据，能够预先掌握桥梁老化状态和异常。

另外，在发生重大事故之前，可以制订维护桥梁的计划。

检查和修复

除了发生自然灾害、自然环境恶化（如温度和盐害等）以外，超载的大型车辆也会影响桥梁的老化。除了温度和桥梁状态之外，持续监控车辆的重量，可以寻找出检修和维护桥梁的最佳时机。

进一步优化

搭载传感器的汽车发现地下的空洞

道路下的空洞可能导致突然塌陷。获得了2015年特别顾问奖的“sukaruka”技术使用数据分析方法，可以快速检测到路面看不见的异常。sukaruka利用传感器和微波每天可以取得100km路段的大量数据，只需以往约一半的成本，就能得到高品质的调查报告。这个技术对东日本大地震后道路的修复很有帮助。

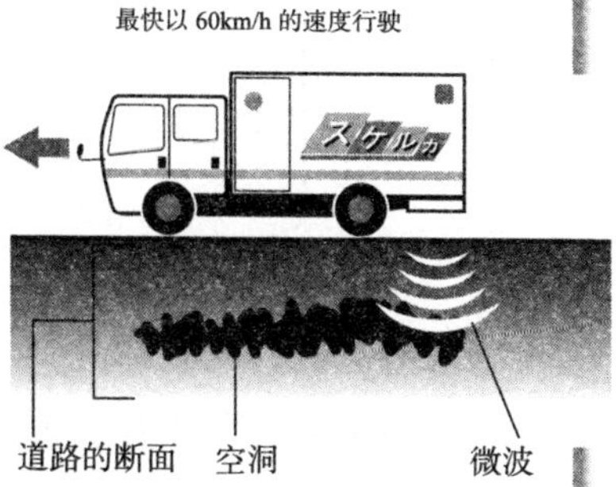

搭载高分辨率传感器的车辆在行驶的同时发射微波，可正确把握地下的状况。

大数据案例

监控发电设备，进行故障预警

使用人工智能，更早察觉异常

用625万个图形监控异常

数据搜集

大量传感器
搜集约2 500种数据

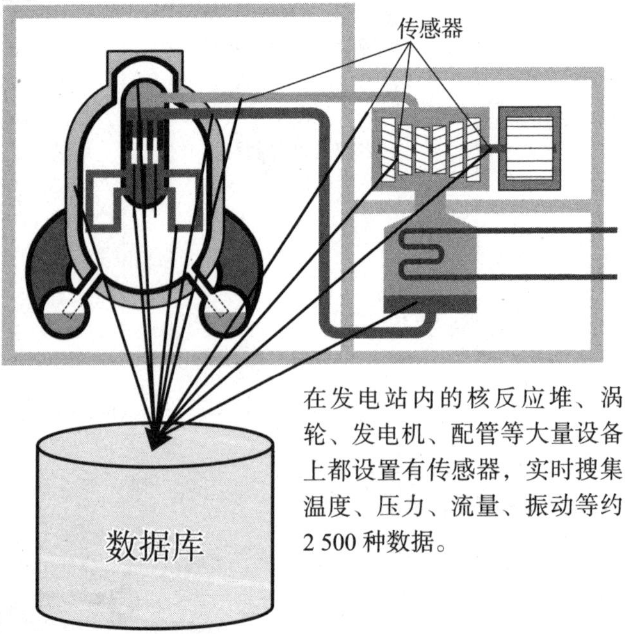

在发电站内的核反应堆、涡轮、发电机、配管等大量设备上都设置有传感器，实时搜集温度、压力、流量、振动等约2 500种数据。

资料来源：中国电力公司（2014年5月23日）。

工厂和发电站等为了防止大型成套设备因停电而造成损失，采用了强大的监控系统。如果发生异常，维护员就能及时应对。如果机器的开启状况不明，监控员则需要时间解析，寻找应对的策略。

中国电力的岛根核电站，为了尽快应对异常事态，引入了基于大数据的“故障预警监控系统”。通过大量传感器进行实时监控，可以在故障发生之前及时应对。

数据分析

根据过去的数据预测正常模式，模式异常时发出警告

- 通过观测数据的关系，自动预测正常模式。分析全部约 2 500 种数据之间的关系，制作了约 625 万个图形。
- 如果所测得的数据与所预测的正常模式不同，会发生异常警告。

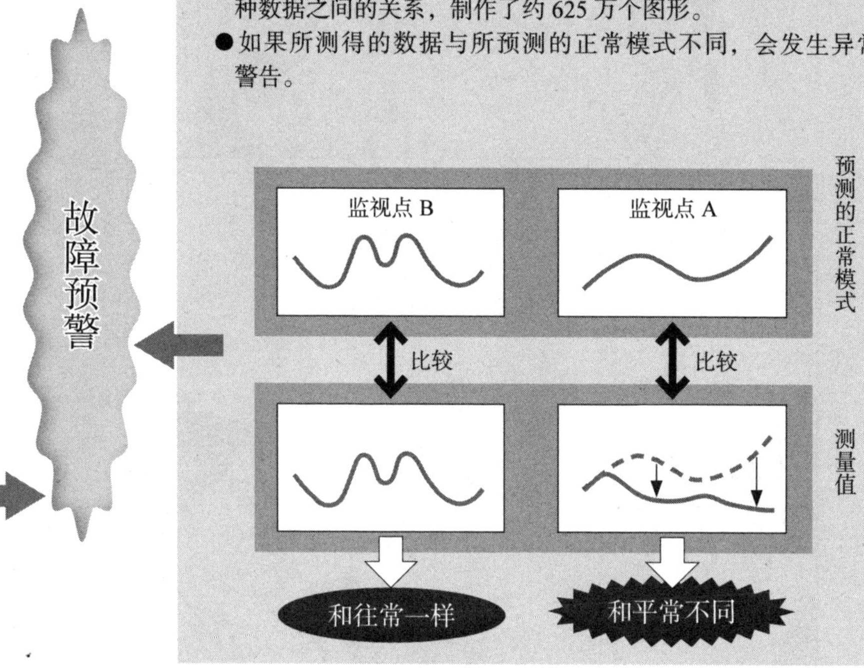

用大数据进行分析，预先检测到异常

目前的监控系统需设定各个传感器的阈值，如果超过阈值，监控系统就会发出警报。如果阈值设定较低，即使正常也会被误判为异常，所以异常的早期检测是有限的，需要运用专业知识进行调整。

新系统使用人工智能技术，根据积累的数据自动计算出正常状态，检测出异常，无须专业知识就能发现异常状态。

这些工作也可以被用于预测今后的影响范围。

关键词 人工智能、机器学习

自学、进化，人工智能技术出现

根据程序，不但能得出答案，还能在预测的同时找到最好的方法，这就是人工智能（artificial intelligence，AI）。与人的思考相似，人工智能可以思考未发生的事情，选择最恰当的行动。

最新的人工智能目标是通过电路重现人的脑神经系统。

通过分析大量数据来学习的“机器学习”及其包含的一个领域——“深度规划”，是人工智能的代表。

机器学习促进人工智能的发展

深度规划

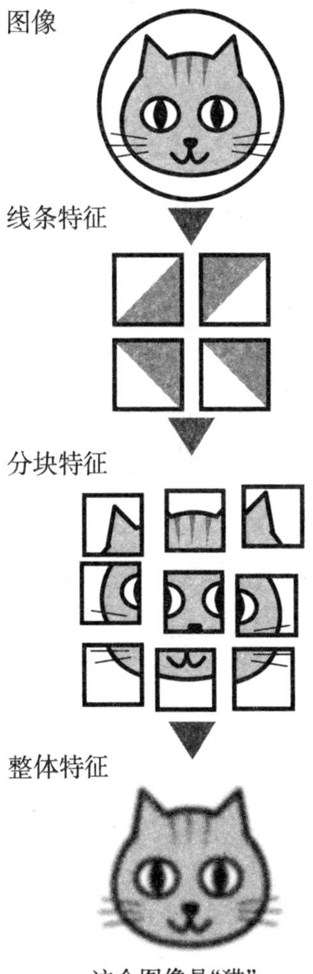

这个图像是“猫”

深度规划的图像识别，分块抽取特征，再定义整体特征。

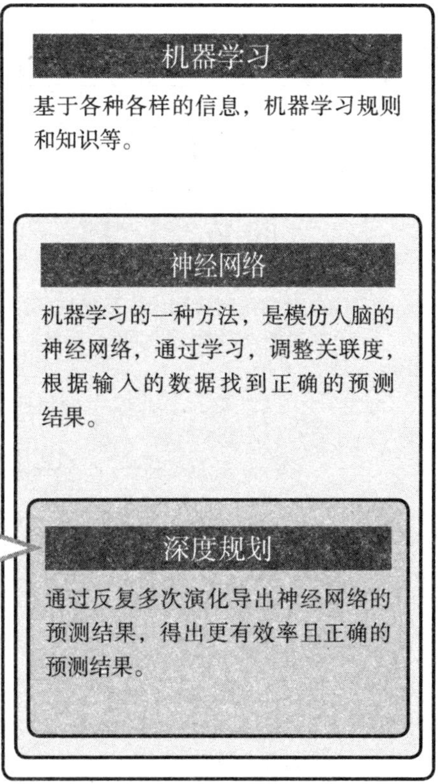

例如，人在认识周围的人的时候，会使用视觉和听觉等，先是分辨脸的轮廓，进一步搜集身高、体型、眼神、声音等细节信息，汇总并认识整体。

这个过程在计算机上实现就需要深度规划。借鉴这个自动识别技术，很快就开发出了语音识别等技术。

改变制造业

配合顾客，不仅销售商品，还销售服务

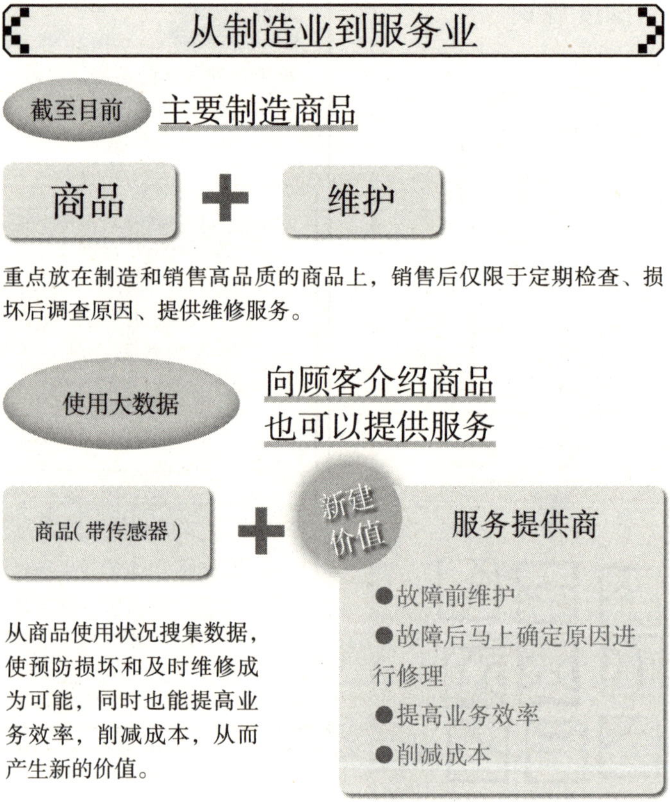

根据产品产生的数据，制造商的商业机会正在扩大。借助 IoT 技术，产品会不断产生数据，分析数据可以扩大业务范围。事实上，已经有企业实现了从制造商向服务商的转变。

如果有数据分析能力，其他行业也会加入，打破各企业的功能壁垒，产业结构也有可能随之发生变化。

提高效率，制造顾客想要的商品

分析数据，了解顾客的喜好，不再只是大量生产统一规格的商

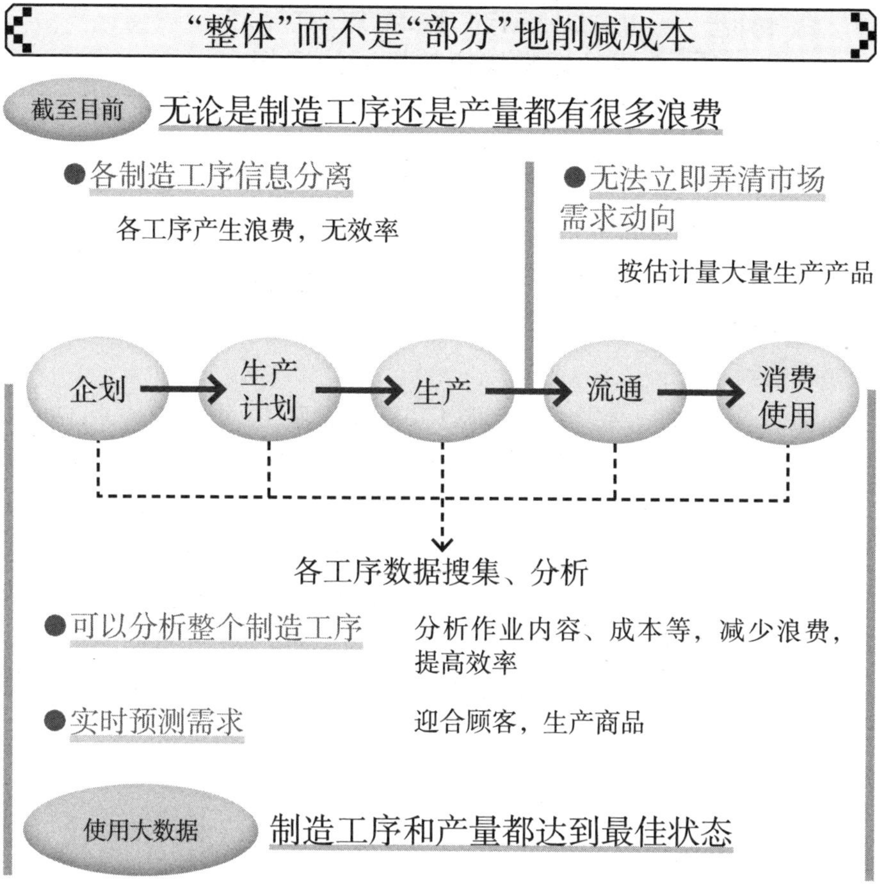

品，而是为每一个顾客生产有价值的商品。

并且，通过数据迅速把握需求动向，也能准确预测产量。总之，如果有数据，从商品的规划到材料采购、生产、销售的整个流程中，都能发现所谓的“价值链”。

以数据为基础分析整个价值链，也能发现适合企业的避免浪费的最佳方式。

大数据是未来竞争力的源泉，依靠数据，企业将走向高利润的以服务顾客为导向的时代。

大数据案例

建筑机械运行管理系统“KOMTRAX”

用数据掌控建筑机械的运行

建筑机械领域排名世界第二位的小松制作所（以下简称“小松”）在大数据概念产生之前，就已经成功把数据作为工具使用了。小松不只是卖机械，还在建筑机械上安装传感器，搜集数据并服务顾客，深受顾客信赖。

如果说日本的大数据应用起源于小松也不为过，小松的 KOMTRAX 系统利用安装在全球运行的建筑机械上的传感器搜集位置和运转状况等数据，将其用于管理建筑机械的工作状况。

数据包含液压挖掘机的挖掘时间和行驶时间等详细信息，最新机种也搜集每个操作员的驾驶状况。基于这些数据，小松的代理商可以对每个客户提出削减燃料费用等建议，客户将数据用于提高生产率和防止故障。小松将数据用于需求预测、生产计划、商品企划等。根据 KOMTRAX 系统汇集的大数据，小松强化了整个价值链。

进一步优化

从运行状况数据预测全世界的产品需求动向

小松定期把握世界各地的建筑机械的运转状况，有助于需求预测和生产管理。

在运转率高的地区、企业中，新需求发生的可能性很高。如果发现由于金融紧缩和公共投资削减等导致运转率下降的情况，可以提前缩小生产规模，调整库存。

从建筑机械上搜集数据产生新的价值

数据搜集

用安装在建筑机械上的传感器掌握位置和运转状况

从全世界的小松的建筑机械上搜集位置数据。截至 2015 年 3 月，KOMTRAX 系统已经累计导入了 38 万台机械的数据。

搜集的主要数据

- 位置数据（GPS 数据）
- 表示车辆状况的数据
- 机械有无异常
- 工作时间
- 燃料消耗量

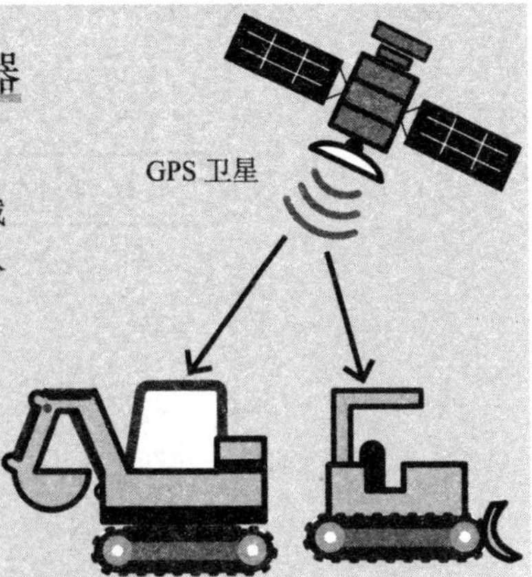

小松的建筑机械

数据分析

通过通信卫星和移动电话，搜集并分析从建筑机械上搜集到的数据。

服务器

新的价值

从商品开发到生产、运转、维护都充分利用数据

顾客 降低成本，提高生产率。由于故障和维修次数减少，生产率得到提高，还能防止建筑机械的失窃。

小松 生产计划、需求预测

根据世界范围的建筑机械的运转状况可以预测产品的需求动向，进而可以进行有计划的生产。

支持

代理店（负责维护和销售）

预先维护、快速维修

给出检查和更换零件的建议，可以预防故障，还能迅速弄清楚故障的原因和修理所需的零件。

成本削减的建议

可以帮助制订高效的配车计划，也可以提出改善燃油效率的方法。

小松的“智能结构”

无人机测量，建筑机械自动施工，用数据掌控建设现场的全部区域

从测量到施工完成全部用数据来掌控

调查影响施工的因素

土壤的质地和地下的埋葬物等，有可能会影响工程的进行，所以要事先进行调查、分析。

→

3D 制作设计图

施工图纸用 3D 制作，高精度把握施工范围、形状、土量等。

→

现场测量（数据搜集）

自动并快速地对现场状况进行高精度测量，搜集现场的 3D 数据。

KOMTRAX 系统把建筑机械的运转数据化，以此为基础，小松的“智能结构”将建筑机械、施工现场和人一体化。

这是从测量到施工的一体化管理，可将大部分基础工程自动化，解决了施工安全无法保障、人手不足、工期缩短等各种各样的问题。

例如，使用无人机进行测量并连接建筑机械，即使经验不足的工人也能在短时间内顺利施工。

解除工人短缺和安全无法保障的问题

由于人口老龄化，在建筑工地上，除了岁数较大的熟练操作员从智能测量到施工完成的流程，每个阶段搜集的数据都被储存在小松的云系统中。

完成
施工信息被存储在云端，这些数据在施工后的整备和修补、发生自然灾害后的修复等工作中也能被有效利用。

用 ICT 建筑机械施工
施工图纸的 3D 数据被读入 ICT 建筑机械，自动控制施工过程。施工的实际效果和建筑机械的运行状况等被发送到云端，实时掌握进展。

制订施工计划（数据分析）
根据测量数据、预算、工期等条件进行模拟，提出施工计划（步骤、建筑机械台数等）。

可自动控制的 ICT 建筑机械

所谓 ICT 建筑机械，是指配备了 GPS、通信功能、传感器等的推土机和油压挖掘机。根据位置信息、图纸数据和安装在建筑机械上的传感器，建筑机械自动按照图纸工作，操作员只需前后左右操纵即可。

外，劳动力明显不足。由于使用了 ICT 建筑机械，可以看到一丝解决这一问题的曙光。

使用人工测量，两个人一天只能测量数百个位置。如果使用无人机，15 分钟左右即可测量数百万个位置，施工范围、形状、土壤等都能被正确测量，从而人们可以制订合适的施工计划。

同时，因为建筑机械由数据自动控制，初学者也能进行复杂的操作，在机械旁指挥的人员也更不易发生事故。建设现场的 ICT 化，解决了安全、成本、工期等问题。

进一步优化

IoT 引发的新产业革命

工业 4.0 和工业互联网

数据预测产生价值

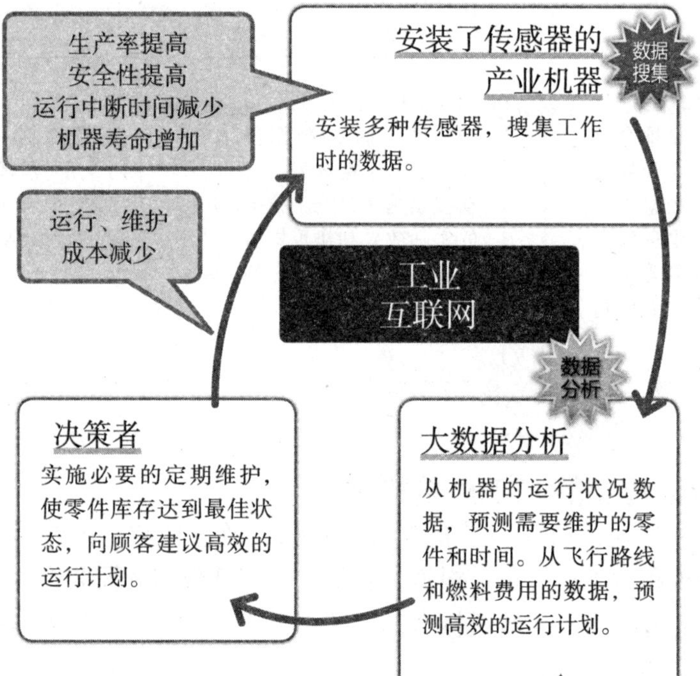

以飞机为例，展示了数据应用流程。根据数据分析结果进行预测，以改善商业作为目标。

在德国，政府和社会都致力于发展“工业 4.0”计划，目标是实现工业智能化。从设计到性能测试全部数字化，并能模拟生产。从构筑最适合的生产线，到材料和零部件的采购，以至自动完成产品的检测。

在美国，生产飞机引擎和医疗器械等的通用电气公司（GE）是“互联网”的中坚力量。它从所有产品中搜集、分析运行数据，将其用于维护管理和产品开发，可以解决各种各样的问题。

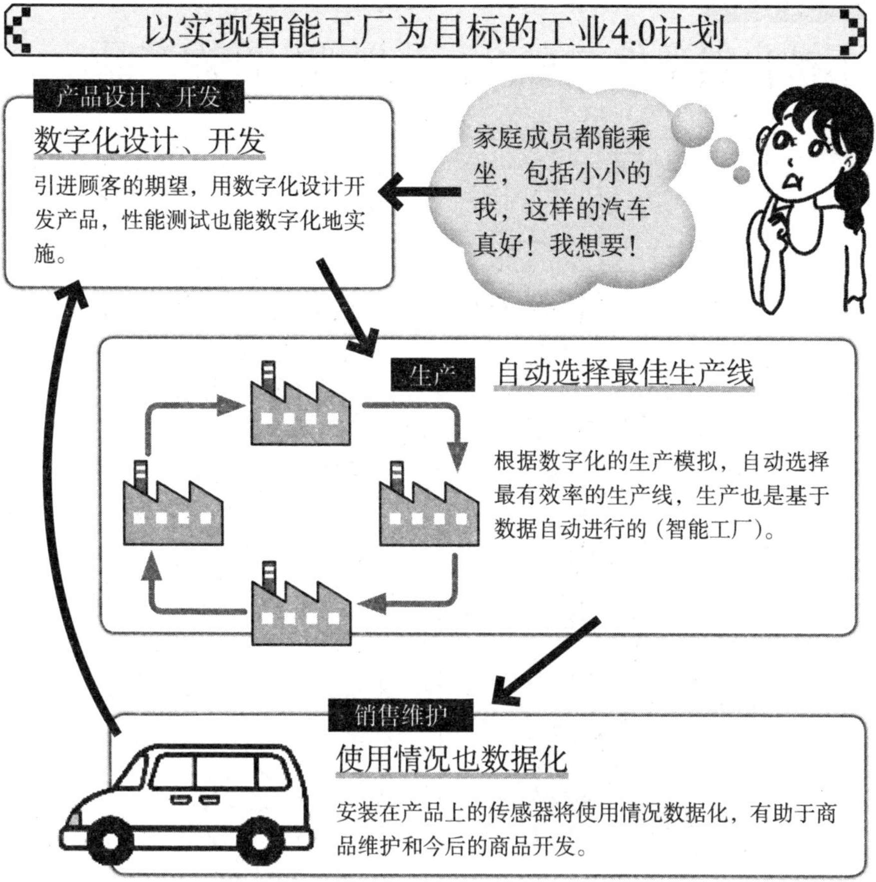

企业信息共享是成功的关键

德国和GE的成功，需要“物联网”在整个社会变得更成熟。例如，GE如果只是内部用IoT连接价值链，只能改善1%的较大的问题。为此，“indaru·互联网”计划完全开放系统，在全球范围打破了枷锁。

通过搜集散布在世界各地的数据、共享信息，产业革命有望再次实现创新。

改变农业

不被自然条件左右，有计划地生产农产品

日本的农民老龄化、后继无人等问题很严重。尽管如此，日本政府仍把农、林、渔产品 2020 年前的出口额目标设为 1 兆日元，而农业 ICT 有望帮助日本政府达成目标。

例如，在有经验农民的田地里安装传感器，把他们的经验和直觉数字化，根据这些数据管理田地，工作效率有望提高，同时，可以降低肥料等的成本。这些尝试已经在各地开始进行，取得了一定的实效。

农业大数据实现食品的安全稳定

农民

创造高效农业

引进农业 ICT，应用大数据，提高产量，提高工作效率，稳定地生产高品质作物。可以削减成本和扩大预期收益。

确保食品安全

记录了生产工序、使用的原材料和农药等，生产放心、安全的农产品。

农业大数据

- ·每天的工作业绩
- ·作物的生长信息：生产成本、收益数据等。

国家

确保食品安全，加强国际竞争力

通过记录和检查食品、环境、劳动的安全等，实施了改善农业生产活动的农业生产工程管理措施，增加了农产品的海外出口。农业 ICT 的引进使得管理更容易实施。

食品相关企业
（食品加工、批发零售、在外吃饭等）

采购品质安全、稳定的农产品

签约农户在规定的时期内可以用稳定的产量、品质、价格提供农产品，有助于管理全国成千上万的签约农户。

农产品品质稳定，扩大了收益，加强了国际竞争力

实施农业 ICT，需要在田间设置传感器，搜集气温、湿度、土壤状况等数据。

对搜集的数据，结合农民的知识和经验进行分析，就会弄清楚“何时洒水”“施肥多少”这样的问题。通过数据管理生产过程，既能确保农产品的安全、放心，又能实现产量稳定。

质量好的农产品的产量提高了，收益也会增加。如果价格和产量稳定，像农业 ICT 发达的国家荷兰一样，日本农产品的国际竞争力会提高，地区经济也会得到发展。

大数据案例

提高农业生产效率

具有口味探测功能的联合收割机，用最少的肥料生产最多的米

西红柿和黄瓜等的温室栽培比较简单，只要维持一定的生长条件即可，荷兰的农业 ICT 在温室栽培中取得了成功。日本现在开始挑战容易受天气、地形、环境影响的露天栽培 ICT 技术。

农业机械制造商 KSAS 于 2014 年开发了新一代农机，搭载了以水稻为主要对象的农业云计算服务系统。安装了传感器的联合收割机在收割水稻的同时，自动搜集“momi”数据，有助于生产的最优化。联合收割机不仅可以测算收获量，还能测量影响大米口味的蛋白质和水分含量，根据水分值干燥“momi”，从而降低成本，并根据蛋白质比例将大米分类，形成品牌后进行销售，大大提高了收入。

根据数据，制订次年的土壤使用、肥料的份量和配比等计划，既可以节约肥料，实现低成本化，又可以有计划地生产美味大米。实际上，在实验中，每单位面积的产量增加了约 15%[①]。

进一步优化

在蔬菜工厂实现低钾蔬菜

富士通位于福岛县的蔬菜工厂生产的生菜的钾含量低于普通生菜的 1/5，菠菜的钾含量在普通菠菜 1/3 以下，限制摄取钾的人[②]也可以安心享受新鲜蔬菜。苦味少、口感清爽的低钾蔬菜，是在通过 ICT 管理温度、湿度和营养液用量等的清洁室中水培生产的。

①日经 BP 公司. 日经计算机，2015.
②如果有肾脏疾病，根据病情的不同，病人有时候需要限制钾的摄入量。

根据大米的口味制订精准计划

数据搜集

农机（联合收割机）

确认味道、产量

用安装了传感器的收割机，一边收割水稻一边搜集产量和与口味有关的蛋白质量、水份等数据，同时也记录下机器的运转状况。

农机（拖拉机、插秧机）

按照计划犁田、施肥

根据数据分析的结果，为了充分收获美味的大米，使用农机施必要量的肥料，同时也记录下机器的运转状况。

农机产生的数据被发送给作业人员持有的移动终端。

数据

指示

数据

指示

作业人员

移动终端工作指示

根据管理者制订的工作计划，通过移动终端向农机发出工作指示，移动终端也能读取工作记录。

数据

从移动终端发送农机搜集的数据和工作记录。

服务器

确认作业进度

确认进度，指示作业。

分析稻田特征

根据口味和数据，分析稻田的大米的质量等。

制订施肥计划

根据分析结果，制订稻田的次年土壤使用、肥料种类、施肥量等计划，减少无效施肥，有助于降低成本。

数据分析

管理员

根据数据，种植美味的大米，实现成本削减。工作记录就是经验的积累。

人工智能的历史

1956年，人工智能（AI）一词首次出现，因其解开迷宫和拼图的能力而备受关注并引发了热潮，但那时人工智能只能按规定做一些简单的事。

20世纪80年代出现了“专家系统”，把知识储存在计算机里，实现了问题解决和推理功能。然而，输入知识比较难，进而该技术陷入了衰退。

现在，可以把庞大的信息量作为知识储备存入计算机，机器学习和深度规划使计算机自身变得更加聪明，这就是第三次热潮，已经在很多领域取得了具有实用性的进展。

日本政府也把人工智能确定为发展战略之一，在今后10年中计划投入1 000亿日元。

三次AI热潮

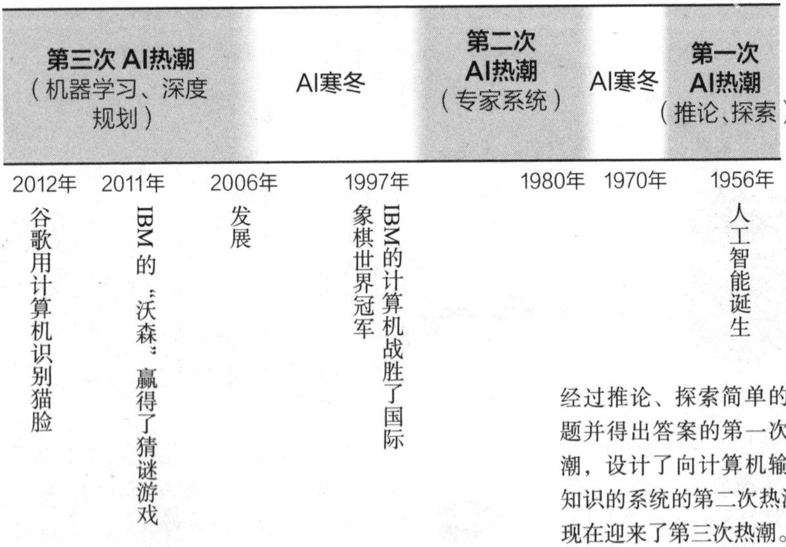

经过推论、探索简单的问题并得出答案的第一次热潮，设计了向计算机输入知识的系统的第二次热潮，现在迎来了第三次热潮。

资料来源：由松尾丰．人工智能是否超过人类．东京：KADOKAWA/中经出版，2015.

第4章

医疗、教育、媒体的定制时代

医疗、教育、信息和大数据

BIG DATA

医疗保健的改变

不是先治疗，而是重预防

女演员安吉丽娜·朱莉在基因检查中发现，其修复遗传基因的伤口、抑制癌症的基因“BRCA1”有异常，并且，其乳腺癌的发病率高达87%，卵巢癌的发病率也有50%。

在数据面前，为了预防癌症的发生，她于2013年切除了乳房，2015年做了预防卵巢和卵管发病的手术，在世界上引起了巨大的反响。这种做法就是在病前回避风险，也就是所说的“从治疗到预防”的医疗创新。[①]

①日本经济新闻电子版，2015-03-24.

从治疗中心到预防中心

截至目前

发病之后 用固定的方法治疗

尽早发现病情，使用到目前为止对多数人有效的方法进行治疗。

病人从医生那里知道“你患了 ×× 癌症”。

利用大数据

发病前采取预防措施

从遗传基因检测和医疗相关数据中，可以得知病发的可能性，在发病前可以制定预防措施。

使用适合个人的药

哪个治疗方法和哪种药有效，从基因水平就能知道。基于病情、体质的私人定制医疗成为可能。

“你的 ××癌发病概率是 0，用 ×× 方法进行预防吧。”

用定制方法积极预防疾病

医疗领域的数据以病历为主，还有处方和讨论会记录等，有巨量的信息可以利用，同时，基因信息也正在被研究和搜集。通过共享并分析这些信息，即使出现同样的症状，因为个人体质不同，治疗方法也会有所差异。

可穿戴设备可以测量脉搏、心跳、体温等，搜集每天的健康状态和生活习惯数据，与医疗数据对照，采取恰当的对策，可以进行疾病预防。由于省去发病后的治疗费用，这种方法有望大幅降低医疗费用。

大数据案例

基因检测服务

通过检测普通体液，了解疾病风险和体质

人类全遗传信息（见下图）是由约30亿个碱基组成的大数据，2003年已经被全部探明，目前进入了应用阶段，其用途之一就是揭示疾病与遗传基因的关系。

疾病与体质、遗传等先天因素，以及生活习惯和病毒等外部诱因有关。后天因素诱导的疾病比较多，不过，也有如遗传性乳腺癌一样，疾病与遗传基因关联较大。如果检测一下遗传基因，就能清楚自己是不是容易得这样的病，发病前也能进行预防。

专业医疗机构的基因检测费用很高，但是最近随着技术的进步，数据分析费用大幅降低，互联网上出现了只需几滴体液即可进行遗传基因检测的服务。

与在医疗机构接受的检测不同，网络上的检测服务能够明白地给出易患疾病的统计结果，日本的互联网企业和化妆品厂商等已经进入这个领域。日本政府应该重点关注利于健康管理和医疗费用削减的新的商业活动。

DNA与遗传基因、SNP

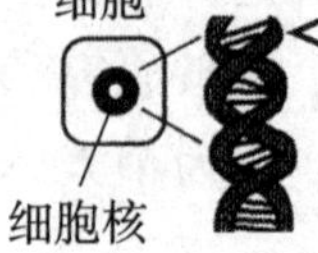

人类基因组就是全遗传信息，可以说是人体的设计图。

DNA
细胞核中存在的遗传基因的本体。

遗传基因
决定外貌、身体特征等，由DNA中包含的碱基排列等决定。

SNP：单一碱基多态性。
DNA中的一个碱基被替换成另一个碱基。

从遗传信息大数据知道发病的可能性

以下是公司 DNA 生命科学基因检测服务“MYCODE”的例子。通过检测体液，最多可以预知 150 种疾病的发病风险和 130 种体质特征。

数据搜集　**提取体液**

购买检测套件，在专用容器里放入体液，寄送。

→

数据分析　**SNP 检测**

解析出体内白血球的 DNA，检测左右个人差异和疾病的 SNP 图形。

↓

了解发病风险

根据最新的研究结果，可以了解下列特定疾病的发病风险、体质特征等。在这里所说的发病风险，是表示有同样基因型的人发病的统计结果，不是表示健康状态。

癌症	生活习惯疾病	体质特征
胃癌、食道癌、肝癌、肺癌、大肠癌、乳腺癌、子宫癌、宫颈癌、前列腺癌、骨肉瘤等。	心肌梗塞、脑梗塞、糖尿病、血脂异常症、慢性肝炎、骨质疏松症、风湿性关节炎、阿尔茨海默病等。	长寿、肥胖、肤质、酒精反应、眼部特征、各种激素值、味觉等。

↓

改善生活习惯
预防疾病

了解疾病的危险度和预防因子，为了降低发病风险采取改善方法，实践表明可以预防疾病的发生。

很多人开始注意饮食的营养均衡，也有人看了检测结果开始戒烟。

大数据案例

积累生活习惯数据的“我的运动”

用腕带型终端测量每日活动，分析生活习惯以预防疾病

疾病除了与体质、遗传有关外，与饮食不规律、运动不足、失眠等生活习惯也有关。要改善生活习惯，首先要把自己的生活习惯用数据可视化，重新认识它。

这需要每天积累和分析数据，能够搜集各种各样数据的终端设备可以轻松完成这个任务。Docomo 腕带型健康护理终端使用传感器测量步数和睡眠时间等，与智能手机结合将数据上传至云端，使用专用APP 分析生活节奏，根据个人生物钟通知人们吃饭的时间，通过评估生活习惯和健康状态可以预防疾病。

同时，它可以通过体重计、血压计、活动量计等统计健康数据，计算其相关关系。例如，数据也证实了“气温下降血压就升高”这样的常识。[①]由此，冬天房间如果变暖，就可以改善血压，从而削减医疗费用。健康数据的积累在未来可以帮助开发出与医疗相关的新服务。

进一步优化

健康关联，机器学习，糖尿病发病风险可预测

富士通预测，从过去三年的健康诊断和生活习惯、步数等数据来看，一年后公司可能会有 2.6 万名员工患糖尿病，其精度约为 96%[②]。通过使用通常的糖尿病判定项目和数据，机器学习实现了高精度的预测。

①资料来源：欧姆龙保健有限公司《日本健康数据 2012》。

②富士通的实证实验中的评价值。

用数据和应用程序改善生活习惯

数据搜集

从计步器和可编程终端等搜集身体数据

- 腕带型终端
- 体重组合计
- 计步器
- 睡眠表
- 电子体温计
- 血压计

使用与 Docomo 保健公司健康平台“我的运动”对应的设备，测量有关生活习惯的数据，并发送到智能手机和个人计算机。腕带（手表）型终端“ MOVEBAND2”，只需戴在手腕上就能测量步数、移动距离、步行时消耗的卡路里、睡眠时间。

数据分析

统一管理身体数据

将测量的数据发送到服务器，分析积累的数据，分析结果可以通过智能手机的应用程序和计算机查看。

用APP确认身体状态

わたしムーヴ

保存体重、步数、睡眠等数据和生活记录，数据用图表表示，能掌握个人的身体状况。

接受生活改善的建议

からだの時計

分析饮食数据，给出饮食和生活改善的建议，其目标是通过改善饮食使身体年轻 5 岁。

改善生活习惯 预防疾病

察觉身体异常

根据基础体温和月经周期等，提供关于吃饭和减肥的建议。如果察觉到身体异常，会建议用户去妇科等相关专科就诊，如果用户能在规定期间内接受诊断，还会获得慰问金。

接受诊断 早期发现

进一步优化

智能眼镜“JINS MEME”

记录眼睛和头部的运动，可视化身体和精神的状况

眼镜都是用来看除自己以外的事物的，而“JINS MEME”则是用来“看自己”的。这款眼镜配备了3点式眼电位传感器和加速度传感器等，测量佩戴者的注意力集中度和姿势等，可以推测在驾驶中驾驶员的睡意。

目前的可穿戴设备根据步数和运动量计算所消耗卡路里等的“量”，“JINS MEME”也检测精神活动的“量”，从眼睛的动作可以看出睡意和注意力集中度，从头部的运动和倾斜度可以看出身体的状态。

例如，在推定睡意来临时可经由智能手机发出警告，从而预防交通事故的发生。眼部运动的变化与阿尔茨海默病等早期诊断有关，这些功能正在被开发。

JINS MEME可以做的事

利用传感器所得到的数据，对疾病的早期诊断、工作效率的提高等都有帮助，预期还会被用于各种各样的领域。可获取的数据包括眨眼的次数、速度、强度，姿势的偏差，步行时身体的摇动，步数，加速度，睡意，注意力集中度等。

进一步优化

定制医疗

从遗传基因数据中
选择适合自己的药物和治疗

如果只知道某个病名，根据常规的病例进行治疗，那么因为患者体质的不同，药物不匹配，副作用可能会很强，治疗效果出现差异是无论如何也不能避免的问题。

然而，由于对人类基因组研究的深入，遗传信息的细微差别也与治疗的效果和副作用有很强的关系。根据研究成果，进行针对各种遗传信息的治疗和投药的“定制医疗”变得活跃。

定制医疗如果能实用化，治疗出现副作用的人就会减少，能省去多余的治疗，也会削减不少医疗费。弄明白一些容易患的病的致病风险，提出采用避开那些风险以预防疾病的生活方式的建议也成为可能。

研究所知

●容易生病

根据对C型、B型肝炎引起的肝癌，乳腺癌、胃癌、大肠癌、关节风湿、溃疡性大肠炎、Ⅱ型糖尿病、过敏性皮肤炎等的与发病有关的基因和基因型的研究，弄清发病机制，开发预防、治疗的药物。

●药物好使，容易产生副作用

根据C型肝炎的治疗效果和副作用、乳腺癌化学疗法后的脱发、血管栓塞预防用药的使用量等有关遗传因子和基因型的研究，选择合适的治疗药物或调整药物使用量。

日本从2003年开始实施定制医疗计划，花费10年搜集了约20万人的数据，对特定的疾病的遗传信息进行解析，推进特效药的临床研究。

改变教育

看视频学习，“无人落后的时代就要到来了”

日本计划从 2020 年开始在基础教育阶段依次引进“积极 · raning”方法，正如字面意思那样，这是学生自己主动参加学习的教育方法。

当学生进入社会的时候，技术革新会进一步发展，社会构造和工作方式也会发生很大变化。要想生存下去，就必须运用所学，与他人协作，同时具备发现问题、解决问题的能力，积极训练以掌握最佳的学习方法。

“授课”和“作业”的反转

截至目前

课上教的内容，用作业确认

教师按照教学计划单方面进行授课，学生在家里用作业确认已掌握授课内容。

使用大数据

自己在家观看视频学习，上课时进行确认

自己在家观看视频学习，节奏自己掌握，教师用授课进行练习确认（反转授课），配合学生的进展和理解度进行指导。在课堂上进行小组讨论，巩固学习内容（协调学习）。

在家通过视频学习，在课堂上进行确认的反转授课

特别引人注目的是利用 ICT 进行的反转授课。

目前的学校授课，听教师讲是中心。在反转授课中，事先看视频学习是作业，在课堂上以内容为基础进行讨论，解答相关问题以巩固学习内容。

学生可以努力学习直到理解，教师可以根据视频的视听数据给每个学生提供细致的帮助。这样，学生在课堂上可以学习到团队合作和沟通能力，甚至让课堂上不再出现“落后”这样的说法。

大数据案例

免费教学的“卡恩学院”

用视频教学改变了学校上课的风格

引人注目的“反转授课”出现于2006年的卡恩学院，它提供一种免费的视频教学内容。当时，在对冲基金工作的萨尔曼·卡恩为了教远方表弟数学，制作了学习用的视频。

卡恩被表弟这样的话吓到了，“与其让他直接教我，还不如让他通过视频来教更好。”使用视频才有的暂停、返回等功能，以自己的节奏能学习得更好，卡恩先生由此受到了启发。

教学视频全世界都可以看到，学校的授课也被充分被利用了，还可通过视听数据检查进度，教师可以充分发挥其指导作用。

2010年，谷歌和比尔与梅林达·盖茨基金会共同出巨资使卡恩学院取得了快速发展。除了数学以外，还扩展到物理、化学、经济、艺术等多门课程，视频数量超过5 000个，使用的学生数一个月超过1 000万人。

关键词

慕课（MOOC）

MOOC是massive open online courses的缩写，意思是“大规模开放式在线课程”。通过互联网，任何人都可以学习大学课程。课程像实际的讲授一样被日程化，也需要定期提交实验结果和报告，修完课程后就可以拿到“结业证”。MOOC从美国开始传播，日本也开始提供这样的服务。

视频学习加深了学生和教师的交流

学生

家

数据搜集

视频学习
在上课前用视频学习，一段视频时长为10分钟左右。如果有不明白的地方，可以返回，可以暂停，根据自己的节奏进行学习。

重复到理解
在学习完一个阶段后，可以进入难度更高的下一阶段。具体来说，要连续解答正确10道练习题，只有完全理解才能进入下一个阶段的学习。

学校

解题
以视频学到的内容为基础，在课堂上致力于练习，确认是否能够理解。

同学们互相辅导
在某一单元里受挫而无法前进的学生和已经理解的学生相互辅导，可以加深理解。

教师

数据分析

课余时间

用数据检查理解度、学习进度
可以查看学生们每天的学习时间、看的视频、暂停的部分、停止看的视频、问题解决的进展、解题花费的时间等。

课堂

跟踪学不会的学生
以理解度和学习进度的数据为基础，以上课时学不会的学生为重点进行跟踪，考虑如何配合学生。

从视听和练习的相关数据中，教师可以了解学生的情况。

自己选择想看的时间和内容

以前新闻和电视娱乐当然需要人们坐在电视机前观看。现在，由于视频网站和网络电视的普及，人们接受媒体信息的方式正在发生变化。

比如，人们通过个人计算机和智能手机的 SNS 和新闻网站就能浏览新闻和流行话题，通过视频网站可以不受时间约束地观看电影、电视节目。

互联网实现了媒体的智能化、社交化，产生了与此相关的大数据。

大数据促进媒体变化

从庞大的媒体库中得到推荐后很开心

不用购买 CD 或 DVD，也不用在电视台规定时间里欣赏节目，只需要从音乐、电影、电视节目等庞大的内容数据里，根据需要来选择，并享受节目带来的乐趣。

↓ 影响

广播、电视、录像机、DVD 租赁服务

专家发布专业信息

通过博客和 SNS，各种各样的人发送动画片、电影、围棋、象棋、体育等特定领域的信息，也有特定领域的专家发送的内容，汇聚了更为深刻的内容。

↓ 影响

各种内容服务商

同步服务，推荐信息

所谓排序，就是搜集信息并对内容进行整理，使整理后的信息具有新的共享价值。由于互联网的普及，信息爆炸式地增加，使用算法整理信息的服务大量涌现。

↓ 影响

报纸、专业杂志、电视

进一步优化

1976 年出生的人走向 50 岁，7 年后会发生巨大变革！？

1976 年是互联网的黎明，这一年出生的人直接体验了社会巨大变革的冲击，对网络有灵活的想法。他们将在 7 年后成为拥有决策权的 50 岁人。于是，像网络改变了时代一样，他们不拘束于过去的一些想法也许会引发巨大的变革。

新闻和内容制作商也需要分析数据，这样可以从观众的视角出发了解流行趋势，从而促使媒体的存在方式发生很大的变化。

大数据案例

视频点播服务

强大的内容服务和推荐功能改变着大众看电视的习惯

大众看电影和电视剧的习惯，因为互联网的“视频点播”服务正在发生很大的变化。与卫星电视相比，视频点播服务价格低廉，并且其提供的视频随时随地都可以欣赏。优质的独立制作节目大受欢迎，其创作就像好莱坞那样募集资金，其中的杰出代表是发源于美国的NETFLIX，它在全世界拥有 6 500 万个用户。

网络视频广受好评，原因之一就在于其“推荐功能”，可以根据个人爱好推荐不同的内容。

NETFLIX 上的作品，不仅有导演、演员、制作人、国家、年代、获奖情况等基本信息，还对流派、剧情等都进行了细致分类。它同时分析用户的收看信息，向用户推荐更适合的作品。这样做的效果非常好，75%的用户会根据推荐收看视频。

其效果也表现在销售额上，2014 年 NETFLIX 的销售额达到 55.05 亿美元，纯利润达到 2.67 亿美元。

关键词

智能电视

智能电视指在传统电视中加入互联网和计算机功能的多功能电视，可以通过它进行电影和电视剧的点播，像智能手机一样安装应用程序来享受游戏等。

使用智能手机代替遥控器，接收推荐的自己喜欢的节目，发生灾害时还能接收紧急广播和信息等，更多的功能有望被持续开发出来。

随时随地都能看

用户

收看节目

选择想看的电影和电视剧等内容，还可以设置定时收看。费用为每月 650 日元（不含税）起。

可以通过智能电视、智能手机、平板电脑、计算机、游戏机等各种网络设备连接网络观看节目。

数据搜集

搜集观看历史数据

搜集“用什么设备？”“什么时候？”“看了多长时间？”等观看历史、检索历史数据。

数据分析

推荐个人内容

根据超过 6 500 万个用户的观看历史数据，推荐适合个人的特定内容。

网络

提供庞大数量的内容

电影和电视剧等的音乐配音，电视剧和纪录片等原创作品的制作和配音。

进一步优化

根据数据制作确实很受欢迎的电视

NETFLIX 花费 100 亿日元制作的电视剧《纸牌屋》大受欢迎，还获得了艾美奖。业界的共识是，无论什么大作都可能会有失误，但对于 NETFLIX 来说是有胜算的。从搜集的数据可以知道大卫·芬奇导演的作品看的人多、凯文·史派西主演的作品最受欢迎等信息，从而组建制作阵容、分配角色。

大数据案例

新闻应用程序

由人工智能来选择自己感兴趣的新闻

在网络信息爆炸的时代，想看一些对自己有益的信息是很困难的。新闻协作服务解决了这样的烦恼。

在“Gunosy”中，如果用户设定了账号关联 SNS，应用程序就可以通过人工智能技术来分析用户对什么感兴趣。它会从浩如烟海的信息中选择用户喜欢的新闻，然后发送给智能手机的应用程序。

该应用程序下载量已经突破了 1 000 万次，在英国、美国等也很有市场。

进一步优化

新闻界

SNS和人工智能改变了现场报道

在灾害发生后发 Twitter 填补了新闻空白

在东日本大地震发生后，很多媒体赶到了灾区。然而，后来把播放的地名和设施名标记在地图上，发现了一些报道空白地区。

然而，很多人在博客和 Twitter 上发布了灾害情况的照片和视频，通过 Twitter 分析灾害状况，这些内容恰好填补了媒体报道的空白地区。由此分析 SNS，发现急需救援的地区，实现了迅速救援。

为了在灾害发生后能够分析 SNS 信息从而进行更广泛的报道，NHK 设立了联合 SNS 报道的“公众聆听队”，致力于把网络信息与媒体报道相连。

人工智能撰写报道，创作小说

美国的美联社报道了一些美国企业的做法，稿件字数在 300 字以下，是由“机器人记者”执笔的。由于引进了机器人记者，300 多家公司的报道数量在一个季度里增加了数十倍。人类被从单调的工作中解放出来，能够集中精力做只有人类才能做的工作。

同时，也出现了挑战文学奖的人工智能作家。现阶段人工智能创作的长篇小说还会让人有不协调感，因此只能与人合作写短篇小说，这样的作品也参加了文学奖评选。通过数据的积累，研究认为在 2030 年左右人工智能也可以创作长篇小说。

了解经济动向

实时分析消费数据，快速掌握经济动向

大数据案例

东大每日物价指数

可看每日物价变动

数据搜集

全国超市的POS机数据

搜集全国约 300 家超市的 POS 机数据，其商品包含食品（生鲜除外）、饮料、日用品等 20 万件以上。

数据分析

实时分析全部数据

高精度指数
分析对象商品的销售价格和数量，以高精度掌握畅销商品。

每天提供信息
在采购的第二天，搜集、分析数据，每天发布物价指数。

新的价值

- 计算经济景气度、汇率、气候等对物价的确切影响。
- 监控经济政策的效果和危险度。
- 制定产品价格。

我们每天的消费和支出会随着物价的变动而变化，日本总务省每月发布一次的“消费者物价指数”表明了物价的变化率。

消费者物价指数这个“经济体温表”如果能更快公布，那么对物价的“健康管理”也会有帮助。“东大每日物价指数”每天统计全国超市的 POS 机数据，根据实际情况发布指数。因为它可以反映物价在当日的变化情况，所以能真实地体现物价的变动。

东大每日物价指数（见下图），根据超市的 POS 机数据每天公布。与日本总务省统计局每月一次制作和公布的消费者物价指数（CPI）相比，延时较短。

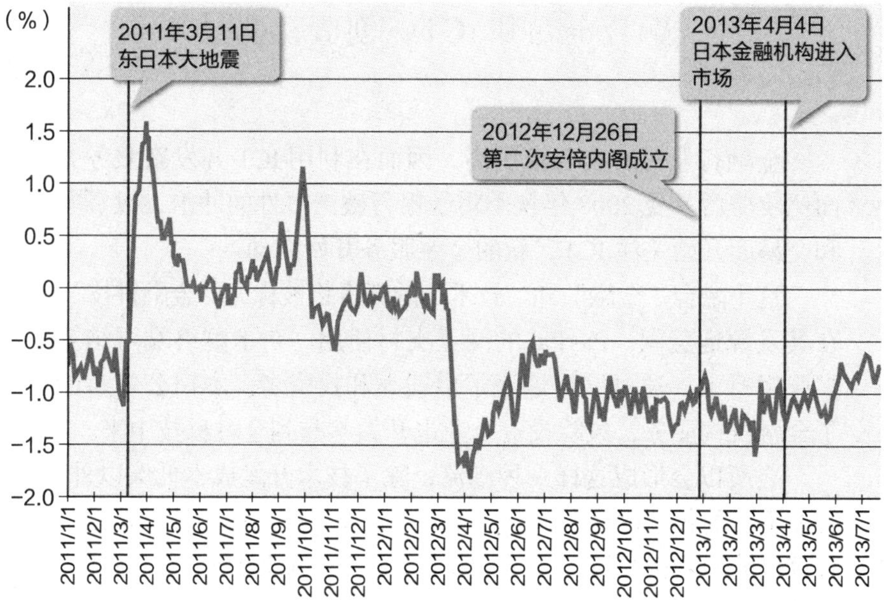

东日本大地震前后物价指数的变化

资料来源：东大每日物价指数项目主页。

在东日本大地震发生前，东大每日物价指数为 −0.7% 左右，此时经济处于通货紧缩状态。在地震发生后，矿泉水和食品的需求急速上升，指数急速上升至约 1.5%。

用手机拍摄店铺货架实时了解物价

在美国、印度、尼日利亚、中国等世界上 30 个国家，约 200 个城市的工作人员用智能手机拍摄的店铺货架照片和网络店铺的价格实时更新数据。这些数据除了被企业和投资者利用外，也可以被用于通货膨胀和食品价格涨跌预测。

这个指数也开始与 T 点被联合使用，得到包含会员性别和年龄的物价变动指数，赋予了 AQ 数据新的价值。

关键词

芬蒂克公司

融合金融和ICT，创造新型服务

金融行业对安全要求更高，因而在利用ICT开发新服务方面比较滞后。受2008年秋季雷曼银行破产事件的冲击，投资家和交易商开始关注ICT，新的金融服务开始启动。

这个融合“金融”和“技术”的新事物被称为“金融科技”。在其发源地美国，PayPal的网上支付使用一台卡型终端可结算多张银行卡，通过网络连通了借钱人和投资者。本田公司垄断了金融机构业务，风险投资企业也开始参与到金融科技中来。

之所以会形成这样一种潮流，除了技术开发成本低廉以外，智能手机的普及也是一个重要原因。智能手机终端的性能足以与计算机的性能相匹敌，开展面向个人的金融服务就变得容易了。

芬蒂克公司的例子

· 打开智能手机

在信用卡支付终端上

· 网上购物网站

信用卡结算

· 通过家庭收支簿应用程序管理个人资产

· 云计算软件

· 网上小额贷款

以日本的芬蒂克公司的服务为例，它主要为ICT企业提供服务。

日本对金融业的限制很严格，与欧美相比，日本在这方面发展显然滞后。日本金融厅自1998年放宽限制以来，时隔17年再次放宽了对银行的管制，这是为了让日本的金融机构可以经营电子商务和智能手机结算业务。

第5章

防患于未然

守护生活的大数据

BIG DATA

解决社会问题

公共基础设施老化预防及防灾

日本人口老龄化来势汹汹，伴随着医疗费用的剧增和劳动人口的减少，道路、桥梁等社会基础设施也在老化，对能源供给高效稳定的需求增加，大规模自然灾害增多……

日本现在面临很多问题，是一个“问题发达国家”，而解决这些问题所需的资金很多。

大数据还可以解决社会问题。通过搜集、分析与社会相关的数

大数据创建智能城市

除了与下列社会问题相关的领域以外，大数据在产业领域也越来越得到广泛的应用，这使得开发更智能的社区变得有可能。

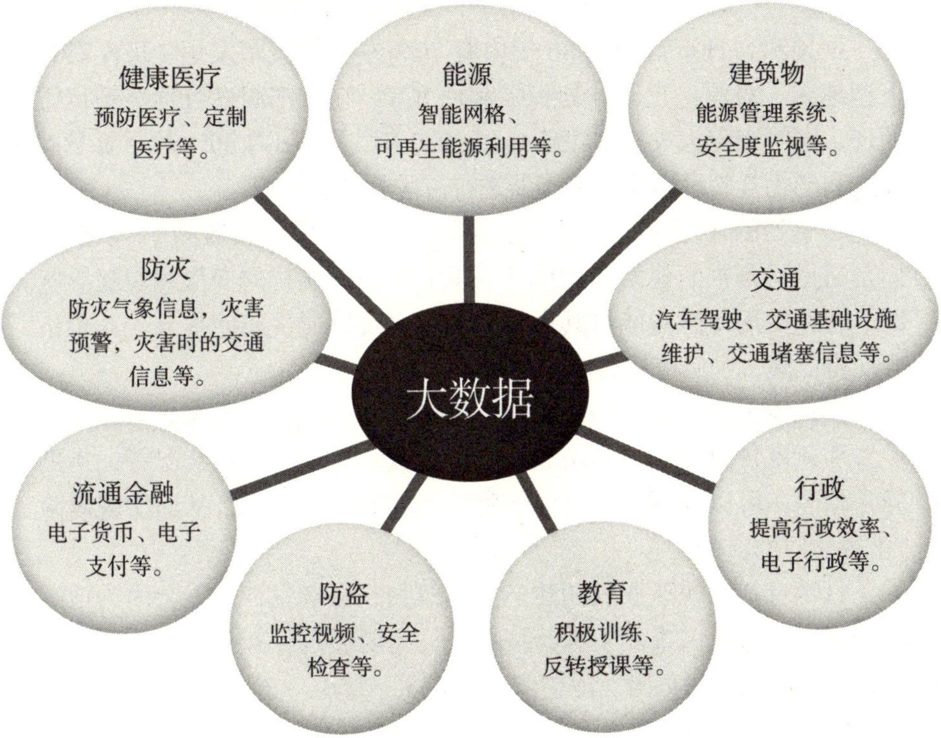

据，可以找到低成本且最合适的解决方案。

应用大数据创建智能社区

前面有个例子是关于使用大量感应器确保桥梁安全的。

融合基础设施与ICT，优化街道功能，解决社会问题，这就是智能街道，也是智能社区应有的形态。

现在说到智能社区，往往只关注能源的高效利用。今后，利用感应器可以搜集社区内所有物体产生的数据，人工智能会分析这些数据。“超智能社会”即将到来。

大数据案例

维护建筑物的安全

用各层设置的传感器检查地震后建筑的安全度

据预测，日本首都圈 30 年内有 70% 左右的概率发生 7 级左右直下型地震。对此，政府计划积极利用 ICT，在首都圈进行建筑物抗震处理，同时制定火灾应对策略。到 2020 年，“对国内 20% 的重要基础设施和老化基础设施使用传感器进行有效检查和维修”。

传感器的作用之一就是对建筑物进行“构造健康监测”。以前人们是通过目测推断建筑物的柱子、梁和外壁等结构的变形和裂缝等状况，现在使用传感器能将其可视化。随着传感器性能的提升，其价格会变得低廉，今后应用会越来越广泛。

建筑安全度判定支持系统“摇动 moni”使用了该技术，可以通过设置加速度传感器等，测量建筑物的失真、振动、劣化状况等，借助异常检测，可以预测地震时建筑物的损伤和劣化位置，从而实现风险“可视化”的目的。

日本首都圈快速成长期建造的建筑物正在老化，可能会因为地震而倒塌，为避免灾难发生和经济损失，需要通过经验和统计判断，大力普及用数据预测危险、保护安全的技术。

进一步优化

基础设施维护、用水量统计被用于照顾老年人

自来水是生命线，监测其使用量，构筑老年人生活规律监视系统，分析累积的数据，可以推断出“如厕次数增加可能有糖尿病”“每天多次洗澡就可能有阿尔茨海默症”等疑似病例。

用加速度传感器快速掌握大楼状态

NTT 公司的“摇动 moni”的结构如下所示。

●平时

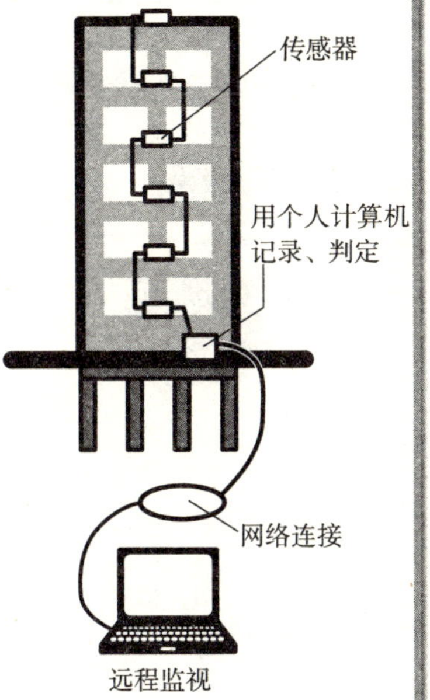

原则上在各层设置加速度传感器，通过网络远程实时监视。

●当地震发生时

数据搜集 快速检测大楼变化

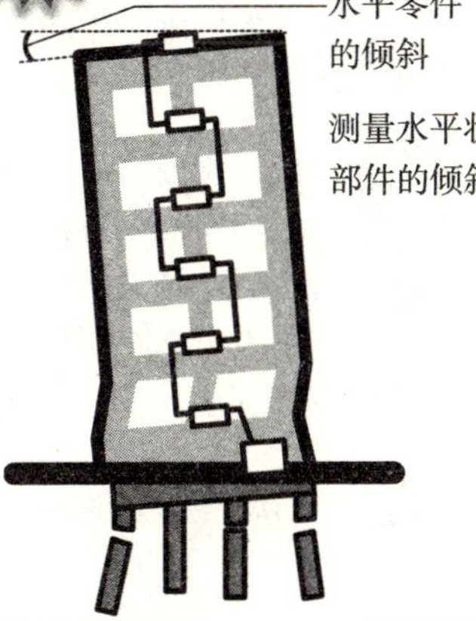

测量水平状态下部件的倾斜程度。

建筑物的晃动周期

测量建筑物的固有周期（建筑物往返摇晃一次花费的时间）有没有变化。

水平方向变形角度

测量各层地板在水平方向上的变形程度（层间变形角度）。

数据分析

判断

- 这个建筑物很安全，可以正常办公。
- 楼层受损，请视情况避难。
- 这个建筑物很危险，请全体人员紧急避难。

地震后 大楼状态是否有必要通知

在地震发生后马上分析大楼是否安全，判断之后是否进行避难，并告诉大楼管理者。

以后 大楼破损程度短期检查

调查建筑物的安全度、有无损坏等。以前，调查一般的 10 层建筑需要花费约 200 万日元、约 30 天。以后，摇动 moni 追加费用是 0 日元，最多 1 天即可完成调查。

大数据案例

在防灾中和灾害发生时灵活运用IoT

手机和汽车数据告诉我们灾害时该如何采取行动

用手机推算不能回家的人数

利用 Docomo 公司的“移动空间统计”数据，埼玉县模拟了当东京正下方发生地震时无法回家的人数，这可以快速帮助不能回家的人。

数据搜集

搜集手机的位置信息

搜集手机的位置信息和使用者的居住地信息等。平日、休息日的每天早上、中午、傍晚的信息都可以搜集。

↓

数据分析

推算在灾害发生时不能回家的人数

- 埼玉县内：74.7 万人
- 主要周边 5 站：8.2 万人
- 县外：136 万人

推算平日中午 12 点不能回家的人数和县外人数、这些人在县内的分布的徒步回家的人数、人们通过的地点和时间等。

↓

- 对食品、饮用水、毛毯等储备量的细查
- 对临时收容设施数目进行详细调查
- 调整步行回家的路线，设置绕路路线

资料来源：埼玉县县政新闻（2013 年 4 月 2 日）。

在东日本大地震发生时，交通瘫痪，很多人无法回家。以此为教训，埼玉县利用“移动空间统计”展开了研究。

通过对性别、年代等进行统计处理，从手机基站取得使用者的位置数据，同时需要考虑各地区的手机普及率，以推算地区人口。

埼玉县根据这些数据对县内不能回家的人数进行了调查，同时制定拥挤地区的行动规范、回避混乱的诱导策略等。

汽车行驶数据告诉我们去灾区的路

在东日本大地震发生后，谷歌地图公开了受灾地附近的道路通行实况，车辆可以通行的灾区道路变得十分明朗，这有助于灾后恢复和救援。

数据搜集

汽车行驶信息

装有本田汽车导航“国际导航”的车辆搜集了实际可通行的道路信息。

×

谷歌地图

谷歌提供的在线地图信息，任何人都可以在网上使用。

↓

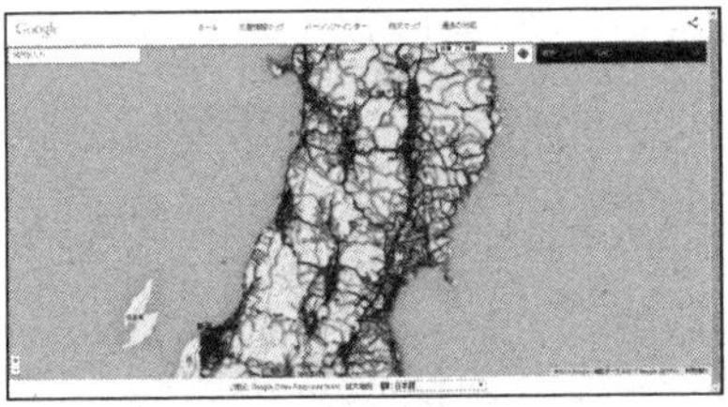

前一天有汽车通行的道路被显示为蓝色，没有通行的道路被显示为灰色。

数据分析

实际能通行的道路的地图公开

在地震发生 3 天后，谷歌提供了“汽车通行实况信息地图”。此后，其他汽车厂商的通行实时数据也公开了。

↓

灾后恢复行驶的车辆、救援物资运输车辆指示通往灾区的道路

实时数据，灾后支援

当东日本大地震发生时，谷歌与汽车制造商联合制作了“汽车通行实况信息地图”，对受灾者和支援者都非常有帮助。

最初提供的是本田车搭载的汽车导航行驶数据，谷歌在地图上显示了 24 小时以内的通行记录，也就是未被切断的道路的通行记录。

在支援灾区的时候，实时的地图数据对物资运输等起着很大的作用，这是由于汽车通过通信连接，实现了 IoT。

大数据案例

铁路泥石流灾害的应对策略
根据气象信息预测何时何地有塌方危险

铁路公司为了防止下雨造成泥石流灾害，在危险地段设置了雨量计，但是这样不能检测其他区域由持续暴雨带来的风险。另外，雨量计记录的是当前数值，不能回溯过去和预测未来，这很难预见未来的灾害。

民间气象信息公司哈雷克斯的“防灾先驱 Railways”利用气象厅发送的气象大数据，可以为铁路部门提供风险管理信息。专业人员分析气象数据，使砂土灾害的危险度可视化，当危险度达到阈值时，就会把路线图和地图上的警告标志、点亮的警告灯、邮件等发送到相关部门。

该系统开发于 2012 年 9 月，当时，神奈川县横须贺市的持续暴雨引发了京滨急行电铁脱轨事故，沿线雨量计等很难对近几年增加的局部持续暴雨做出预测。利用大数据的高精度预测和开发期短的云服务，该公司开发了复发防止系统，这对驾驶限制和巡回强化地段的驾驶判断也很有用。

关键词

气象数据

气象厅在日本全国设置了气象观测系统，搜集了数量庞大的最新气象数据。把通过超级计算机分析的数值预报模拟数据，AMEDASE 等实测数据（降水量、风向、风速、气温、日照时间），根据气象雷达解析的降雨预测数据等全部提供给民间气象公司。气象公司使用这些数据，提供预报服务和顾客需要的预测服务。

分析气象数据，防止铁路事故

铁路公司的问题

希望保护铁路免受突如其来的灾害的影响，希望保护乘客和周边居民的安全，安全行驶，使他们免遭局部大雨和泥石流灾害等影响。

数据搜集

利用气象数据

利用降水量、降水强度、降水短期预报、土壤积蓄的水分状况等气象厅发布的气象数据。

数据分析

实时气象情况和灾害危险度可视化

实时分析气象数据，将其显示在地图和铁路路线图上，根据地形特征设定基准值，及时发出警报。

共享信息

何时、何地会下雨？
雨量有多少？

以最短5分钟的时间间隔在地图和图表上显示有线路的每个地区的降水强度和24小时累计降水量，进行未来1小时降水量预测。

哪里发生泥石流灾害？
有危险吗？

从土壤中含有的水分和土壤的性质可视化砂土灾害的危险度，以最小1平方公里为单位网状显示泥石流灾害，及时发出警报。

确保灾害时的安全

大数据案例

预测犯罪

根据犯罪发生场所预测，入室盗窃减少了 25%

大数据对减少犯罪和受害人损失有很大帮助，比如监控信用卡的不正当使用。美国也使用预测犯罪发生的技术，比如实时预测犯罪发生的服务。

在美国，FBI 开发了“N-DEx（数据交换）”数据库来搜集犯罪数据，利用地震的余震预测模型分析这些数据，开发了一个系统，可以预测犯罪发生区域和种类。根据分析结果，警察将重点巡逻该区域，以防止犯罪的发生。

一般来说，在重点区域增加 15 分钟至 2 小时的巡逻时间，会减少 5%～15% 的犯罪数。犯罪预测系统显著提高了这个效果。在 2012 年洛杉矶警察进行的实证实验中，入室盗窃案件比上一年减少了 25%。

警察虽然从经验上很清楚在哪个地区很可能会发生什么犯罪，但是这些经验还没有被数值化。犯罪预测系统使用数据进行更高精度的犯罪预测，帮助警察提高效率。

进一步优化

面向消费者的服务：监控信用卡的非法使用

因为信用卡的非法使用，美国消费者平均每人每年损失超过 300 美元。分析 3 万件以上有关信用卡的投诉案件和 SNS 等，检查非法和错误使用、疑似欺诈记录等，可以第一时间向顾客预警，帮助顾客挽回损失。

犯罪预测+强化巡逻发挥效果

使用犯罪预测系统一般可以减少 20%左右的犯罪发生。

数据搜集

美国国内的犯罪数据

利用美国国内的犯罪数据（N-DEx），包括犯罪种类、发生地点、发生时间等。

↓

数据分析

预测很有可能发生犯罪的地方

预测可能会发生的犯罪（暴力、袭击、房屋被盗、汽车被盗等占全部犯罪的约 65%）。犯罪种类会在细化的地图上显示。

↓

强化重点区域巡逻

根据预测，加强重点地区和时间的巡逻。通常来说，在重点地区增加 15 分钟至 2 小时的巡逻时间，能减少 5%～15%的犯罪数。

现场警察用智能手机应用程序大体能实时确认重点地区。

↓

犯罪发生约减少20%

在洛杉矶，19 周内犯罪发生率减少了 47%。

资料来源：东京大学先端科学技术研究中心．关于有效利用外部数据的海外调查报告书，2015．

大数据案例

防止交通事故的保险服务

用行车记录仪检查驾驶习惯，用安全驾驶建议防止事故发生

日本国内交通事故虽然在减少，但每年仍有 57 万起以上的事故发生，致死人数超过 4 000 人[①]。另外，运输业对一些企业来说不可或缺，交通事故造成的损害也会导致企业的信用降低，给经营带来很大的损失。促进安全驾驶，减少交通事故，无论对社会还是对企业都是亟须解决的问题。

汽车厂商和保险公司开始使用大数据解决这个问题，使用的是通信信息学。所谓“通信信息学”是将“通信”和“信息学”组合而成的新词汇。把汽车等移动物体和通信系统结合，可实时提供信息服务，包括汽车导航更新和道路拥堵实时信息等。

为了促进安全驾驶，可以使用发动机编码数据。比如，日本财产日本兴亚保险公司面向签有自由合同的个人提供的服务，使用发动机编码数据可以客观、定量地把握行车状况[②]。为了鼓励司机安全驾驶，管理者能适当地进行指导和帮助。

关键词

汽车电信保险

汽车电信保险根据搭载在汽车上的电信终端所得到的数据决定保费，有从行驶距离算出保费的 PAYD（pay as you drive）型，也有根据刹车次数、速度、加减速动作等驾驶中的行为来评价驾驶时的危险度从而算出保险费的 PHYD（pay how you drive）型。欧美以 PHYD 型为主。日本也开始提供这类服务，但主要以 PAYD 型为主。

①来自内阁府《平成 27 年版交通安全白皮书》。

②自由合同：10 台以上的汽车所有者和使用者的汽车保险合同。

根据驾驶数据降低事故风险

数据搜集

用带通信功能的记录仪记录、发送行驶数据

在某种合作车辆中，设置了具备通信功能的发动机记录仪，使用GPS、加速度传感器、摄像头等搜集数据。

数据分析

分析行驶数据

分析从发动机发送过来的数据，包括加减速行驶数据、图像、位置信息等，从而可以诊断驾驶状况。

司机

用APP确认自己的驾驶状况

对司机的安全驾驶行为进行排序，排名靠前可以领取礼物。

加速、减速、操作、环保等6项驾驶评价可通过智能手机或计算机进行确认，为安全驾驶提供建议。根据评价结果，司机会获得相应的积分，积分可以兑换礼物。

管理员

及时掌握危险驾驶情况可以给予实时指导

在Web网站可以随时掌握司机的驾驶状况，司机如果有紧急刹车等危险驾驶行为，就会收到短信，这样可以掌握事故发生时的图像和场所。哪些司机需要进行指导就一清二楚了，从而可以给予他们有效的指导。

司机的危险行为和事故发生时的图像，有助于对司机的驾驶进行指导，制定事故后的应对策略。

防止交通事故、降低事故风险

根据自由合同，如果事故少，可以减少下一年度车辆的保费。

进一步优化

汽车自动驾驶

减少交通事故和堵车，老年人也能自由行动

从辅助安全驾驶到完全自动驾驶

数据搜集 **搜集汽车周围的信息**

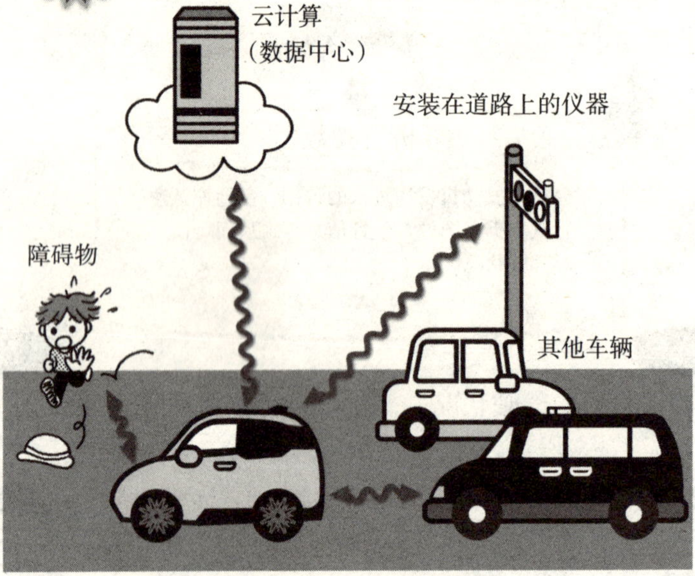

可以搜集的信息包括车载传感器、摄像头、道路上的仪器、周围车辆和云端上的信息，分为只用汽车搜集数据实现自动驾驶的“自律型”和也从周围信息取得可用信息的“协调型”。

“完全自动驾驶”技术使无人车安全到达目的地成为现实。

汽车上也能搜集数据，并进行通信，检测车内外状况的传感器技术在不断发展，人工智能也在持续进步，能够根据数据选择前进路线、回避障碍物。这些都在稳步推进着自动驾驶技术的实现。

谷歌公司从2010年开始在公路上开展自动驾驶实验，日本国内外的汽车厂商正致力于自动驾驶和安全驾驶辅助系统的开发。

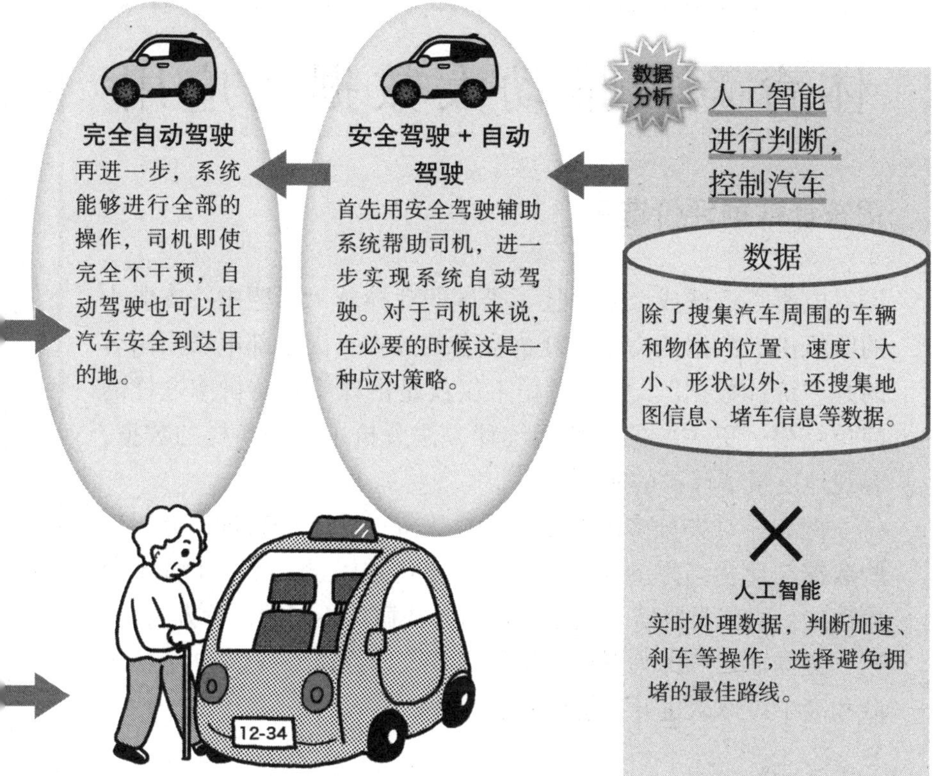

如果实现了完全自动驾驶，老年人在必要的时候可以呼叫无人车，完全有可能安全到达目的地。

实现世界上拥有最安全的公路交通的社会指日可待

如果自动驾驶足够安全，交通事故就会减少。保持适当车距，根据堵车信息自动选择最佳路线，可以缓解交通堵塞，有利于环保驾驶，行走困难的老年人和残疾人出行也会更便捷。

这其中的问题是一定要确保安全。在自动驾驶中，绝不允许通过互联网攻击系统或中断通信信号的事情发生。

日本政府宣布，将促进自动驾驶实用化，充分利用交通数据，在2020 年实现世界上拥有最安全的公路交通的社会，以驾驶员为主体的道路交通法也正在讨论中。

体育竞技推动大数据的应用

用统计数据评价选手

电影《点球成金》描述了美国职业棒球大联盟中一支弱小的队伍借助数据的力量转变为强者的故事，因这部电影而出名的是“统计数据”。统计数据不仅仅是击球率和防御率这样的简单结果，更主要的是使用统计方法分析了各种各样的数据，客观地度量了球员的实力。

例如，对失分多的投手，计算天气、防守等数据，分析这些数据与比赛结果的相关性，排除不可控因素，为每个选手积累数据，组成常胜队。这是一种与以往截然不同的评价方法。

美国职业棒球大联盟广泛采用“统计数据”，日本职业棒球队和高中棒球队也开始使用它了。

对选手状态也进行了可视化

在联赛中，体育场设置有 6 台专用摄像头，拍摄整个投球过程，导入追踪选手、球、裁判动作的监测系统，由此搜集距离、速度、球的运动轨迹等数据，可将其用于电视转播和网站内容制作。

数据服务主要面向棒球爱好者，更主要的是可以用于监测选手们的状态。俱乐部用血液检验来检查球员的疲劳度，结合医学数据和比赛数据，就有可能分析各种各样的结果。

例如，某个队员疲劳度高、跑步多，则受伤的可能性就高。可以让其多加休息，暂停练习。

第6章

人工智能要夺走人的工作吗？

未来与大数据的交往方式

BIG DATA

如何与人工智能相处?

人工智能不是敌人，而是人类强有力的助手

人工智能一直都是科幻小说和电影的主题，但这些作品多是以人工智能与人类对峙为主题的。近年来，人工智能迅速发展，把科幻的世界带入了现实。在一些智力竞赛节目中，出现了能够战胜人类、理解人类感情的机器人。

随着人工智能的发展，“技术变异”成为时髦的话题。据说按照现在的发展速度，人工智能将在2045年超越人类，世界将发生巨大的变化。

人工智能对人类形成支持

人

优势
- 即使没有数据也能判断，有洞察力。
- 即使弄错了也能修正。

劣势
- 大量信息的处理速度慢。
- 有时会误解自己的判断。

人工智能

优势
- 迅速处理大量信息。
- 从数据中学习。

劣势
- 没有数据就无法决断。

新建价值　**能够创造更大的价值**

人工智能给人类带来启发，以此为基础，人类进行最终决策。人类与人工智能通过协作，能更有效率，创造出仅仅靠人类是无法创造出来的价值。

人工智能支持人类活动

也有人担心，人工智能一旦进化，人类的工作机会就会被抢走。然而，人工智能是人类的工具，是支持人类活动的。即使人工智能成为新的选择，在其无法企及的范围内，也应该会有人类生存的价值。有些工作，非人力不可。

不仅限于人工智能，技术的进化带来了强烈的社会冲击。曾经的产业革命等给人类给来了巨大的冲击，每次人类都能构筑新的社会系统，丰富了人类的生活。人工智能的进化，也会产生与过去的冲击同样的结果吧！

大数据案例

从经验中学习的计算机

理解和学习自然语言的沃森得出与人相似的答案

2011年，IBM开发的认知型计算机“沃森”（Watson）参加了美国的一档人气猜谜节目，获得了最高额度的奖金。沃森被预先输入了丰富的专业知识，运用机械学习和统计分析等方法，自己快速找到了答案。

沃森可以识别声音和图片，解释自然语言，从庞大的数据库中导出恰当的回答，并且通过利用积累的知识和经验不断地学习。

鉴于沃森的功能，各个商业领域开始对其展开应用，其中最有前途的应该是医疗领域。美国的一家癌症研究中心，分析数万份医疗研究数据，涉及数万页的资料和癌症治疗履历数据，可以使医生在几秒钟内给出治疗建议。此外还有料理食谱的“厨师沃森”、资产投资建议的“沃森”等，已经在世界的各个领域产生了实际效果。

从2015年的日语化项目开始，很多日本本土企业也在推进人工智能的应用。

进一步优化

从文章中读取人的感情

开发沃森的IBM研究人员发表了分析文章，声称其开发出了能够判断感情的软件。这种人类自然能做到的事情，对机器来说是高难度的工作。这种软件能够一边分析喜悦、不安、愤怒等文章作者的感情，一边洞察主人公的协调性、诚实等社会性。

日本也活跃于各个领域

癌症诱因探索

为了查明导致癌症的基因变异，需要大量的医学论文和基因数据库作为参考。东京大学医学研究所使用沃森分析大量资料，推导出诱导癌症的基因变异和癌症可能的有效疗法，以对患者进行最适合的治疗。

银行客服中心

将电话咨询的内容输入沃森，根据数据显示候选答复，客服人员根据内容回答顾客。翻阅厚厚的手册、向相关部门确认这样的工作大大减少，并且客服人员能够立即做出正确的回答。

沃森

- 理解人类语言
- 从经验中学习
- 根据数据建立临时设备进行验证

以庞大的数据为基础，理解人类自然语言，建立假说进行验证。通过使用者让其学习信息、反复利用信息来进化。

原创食谱方案

从世界各种食材和 9 000 种食谱数据中选出沃森觉得好吃的食材图片。以食材、烹饪方法、心情和季节等词语为基础，提出原创菜谱，法国厨师对此进行了实际烹饪。

意外的食材和组合，使得超出想象的美味菜单由此诞生了。

人型机器人的大脑

有感情、会行动的人型机器人“胡椒”（Pepper）被和学习了日语的沃森组合起来，提高了对话应答的精度。一些店铺在接待客人时已经开始使用这样的组合了。

未来社会思考

生产交给人工智能，人类专心企划和开发

10 ～ 20 年后会消失和保留的职业

分析美国就业数据库中登记的 702 种职业，结果显示，10 ～ 20 年后美国约 47% 的工作将通过计算机被自动化完成。

较可能被保留的职业的例子

- 休闲疗法师、工作疗法师等
- 维修、设置现场监督员
- 危机管理负责人
- 社会工作者
- 消防、防灾现场负责人
- 推销工程师
- 内科医生、外科医生、牙科医生
- 教师、教育管理者
- 生活顾问
- 设计师
- 计算机系统分析家
- 营业经理

很有可能消失的职业的例子

- 电话售货员（电视营销）
- 钟表修理工
- 税务申报代理人
- 图书馆辅助员、数据输入员
- 银行贷款负责人
- 投诉处理、调查负责人
- 簿记、会计、监察事务员
- 信用卡申办员
- 进行批准、调查的工作人员
- 房地产经纪人
- 保险审查负责人
- 收款员

资料来源：Carl Benedikt Frey and Michael A. Osborne. The Future of Employment: How Susceptible are Jobs to Computerisation, 2013.

人工智能逐渐进化，开始学习人类的工作内容。牛津大学的一篇论文给出了部分“还有 10~20 年就会消失的职业”的名单，这些职业的工人将完全由机器人代替。

技术发展带来商务环境的变革，这是常有的事。例如，依靠 IoT，制造业不再仅仅制造商品，而是把服务作为重点。同样，随着人工智能进入人类的工作领域，人类也有必要提高自己的工作质量。

价值创造是倒金字塔形结构

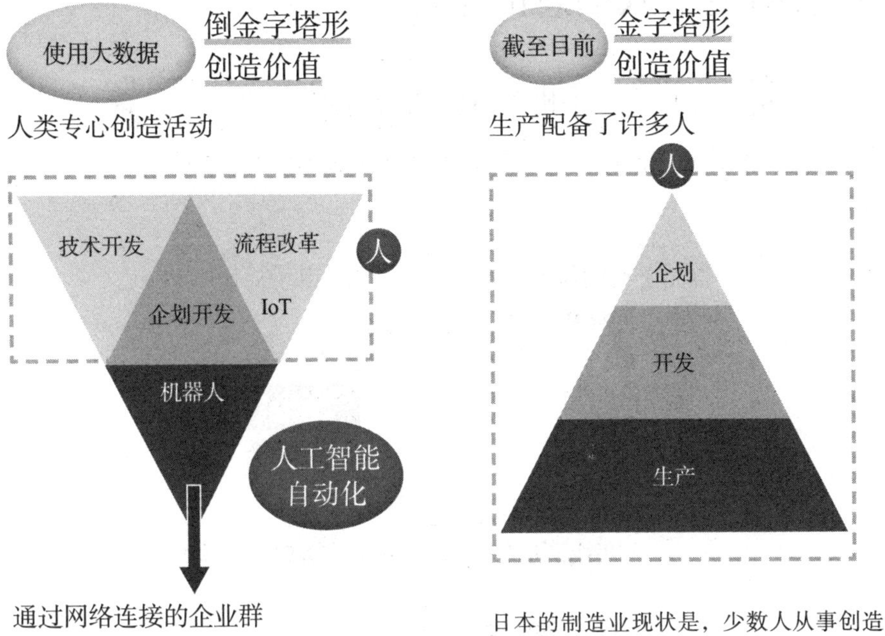

产品和企业之间通过网络连接，使用搜集的经验数据库和生产工序实现自动化。人类主要负责创造活动。

日本的制造业现状是，少数人从事创造性活动，依靠廉价劳动力来生产。拥有技术能力、品质管理能力的人才开始出现短缺。

资料来源：根据KMC佐藤声喜株式会社资料制作。

教育的重新评估也是必要的

截至目前，机器人和人工智能被认为只能依靠日常工作经验和操作手册进行工作。然而，由于大数据和 IoT 的结合，人工智能具备认知能力和判断能力，已经可以胜任医疗和金融等领域需要复杂知识的工作。

由于人工智能进入人类的工作领域，我们需要适应生产活动中新型的倒金字塔形结构，需要大量拥有技术的创新型人才，这与以往的金字塔形结构需要大量廉价劳动力不同。为此，人才教育观也需要做些改变。

个人信息保护

大数据是个人信息的宝库

在智能手机和IoT上能看到隐私吗？

根据每天搜集的数据，可以确定个人的活动和生活状况等。

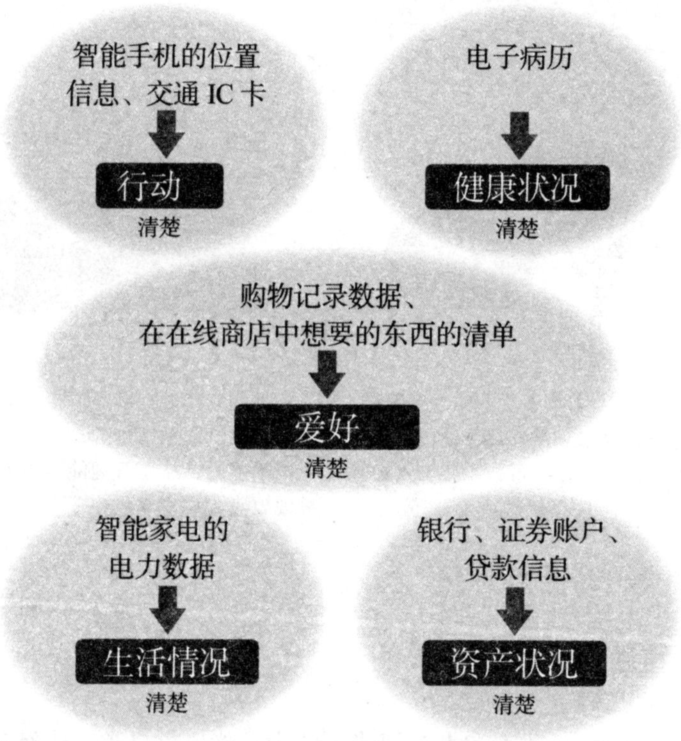

以智能手机为代表，电子结算、互联网等产生了大量数据，这是与消费行为及兴趣爱好相关的个人信息，对企业来说很有用。然而，对个人信息的随意利用持担忧态度的人也不少。

以日本养老金机构和通信教育企业为首，接连发生了几起个人信息泄露事件。人们对个人信息安全的不信任感增强，这给大数据的应用也带来了障碍。

用错大数据会引起麻烦

Suica数据销售遭到批评，最终停止了服务

日立制作所计划从 JR 东日本公司购买约 4 300 万张交通 IC 卡（Suica）的乘客上下车数据，分析车站的使用状况，提供对营销有帮助的报告服务。然而，2013 年，在其发表服务内容后，由于对数据销售和数据内容说明不足，批判纷至沓来。JR 东日本公司宣布暂停销售数据，并终止提供服务。

从送来的优惠券得知女儿怀孕，父亲勃然大怒

美国一零售巨头的目标是通过分析顾客购买记录数据预测怀孕的可能性，从而向客户发送婴儿用品等的优惠券。基于其预测精度可以比客户家人都先把握妊娠情况。

发生过这样一件事，一位父亲收到了高中生女儿的婴儿用品优惠券，气冲冲地闯入店铺，但实际上女儿确实怀孕了，该父亲不得不向店铺道歉。

积分卡被用于储存使用服务时给予的积分，相反，也可以说它提供了名字、居住地、出生年月日、购物历史等个人信息的服务。

修改个人信息保护法，促进大数据安全应用

2013 年 JR 东日本公司向其他企业销售 Suica 的使用历史时，被利用的消费者指责“恶心”。结果，JR 东日本公司放弃了销售，新的商机受挫。

政府探索利用大数据的增长战略，以此次事件为起点，开始修正《个人信息保护法》，并于 2015 年 9 月发布。

大数据会使表面化的消费者行为浮出水面，这与消费者的利益和便利性相连，丰富了人们的生活。通过修正案，今后企业会继续合法使用大数据。

要保护个人信息

如何保护个人信息？预防最重要

为了保护个人信息

是否允许使用数据，请自己判断

●选项卡

在把个人信息提供给第三者，或者提供利用个人信息的服务时，应事先得到本人的允许。这是欧盟的主流做法。

●自动退出

根据本人的要求，停止向第三方提供个人信息或将个人信息用于服务提供等。这是美国的主流做法。

理解数据的性质

要预先理解数据的性质，是只有自己的信息，还是家人和同事等也与之相关联等。

了解数据的使用者

确认处理个人信息的企业和团体的隐私政策等，掌握对个人信息保护的设置情况。

例如，遗传信息数据不只是自己的信息，这也是父母和孩子共同的信息。

2015 年 9 月，日本《个人信息保护法》修正案获得通过，日本保护隐私法制迎来了重大的转折点。

与大数据有关的修改要点是，扩大个人信息范围，包含表示身体特征的数据等，通过将个人信息设为“匿名加工信息”可以将其提供给第三方。这样就大大拓宽了大数据应用之路。

大数据案例

KDDI公司的位置信息应用
在数据处理中保护隐私

大型通信公司 KDDI 利用从智能手机中得到的位置信息数据，进行营销分析。此时，公司不仅在搜集数据时得到了同意，还进行了匿名加工，防止个人信息泄露。

数据加工方法

进行个人信息专项处理

- 删除生活圈移动历史
- 更改位置、时间等信息单位
- 加工 ID 信息使之不可识别
- 只提供频度、重复状况等统计结果

通过删除、统计、加工和只提供一部分信息来防止个人信息泄露。

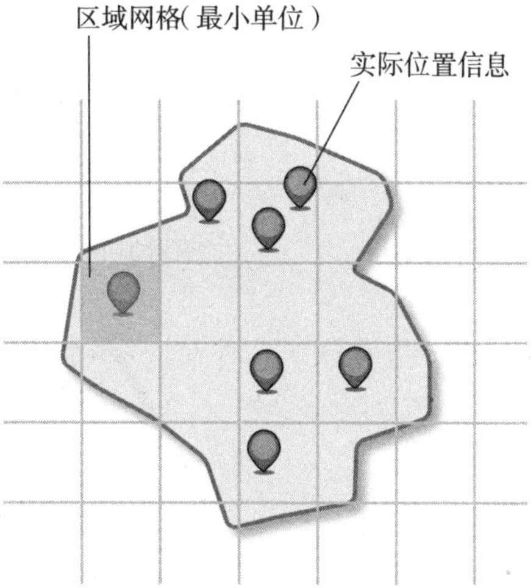

位置信息被以网状划分，时间信息也被以一定间隔进行划分并做归结处理。

排除少数样本

在向外部提供分析结果时，不使用人少的区域的数据。

公开个人信息，提高信息素养

在日常生活中，我们会无意中向他人提供个人信息，例如，成为会员可以享受优惠服务等。

信息一旦被公开，就不只是自己的了。这是数据自由流通的时代，不必对此厌恶，提高对信息认识的素养是非常有必要的。

这是网络时代，人们可以检索个人信息的使用情况，同时，也有“撤销”“选择”等保护个人信息的方法。

好好理解社会上流传的个人信息的处理方法，就会明白数据会成为今后“创造丰富生活的源泉”这样的描述。

个人号码

个人 12 位号码，实现公平社会

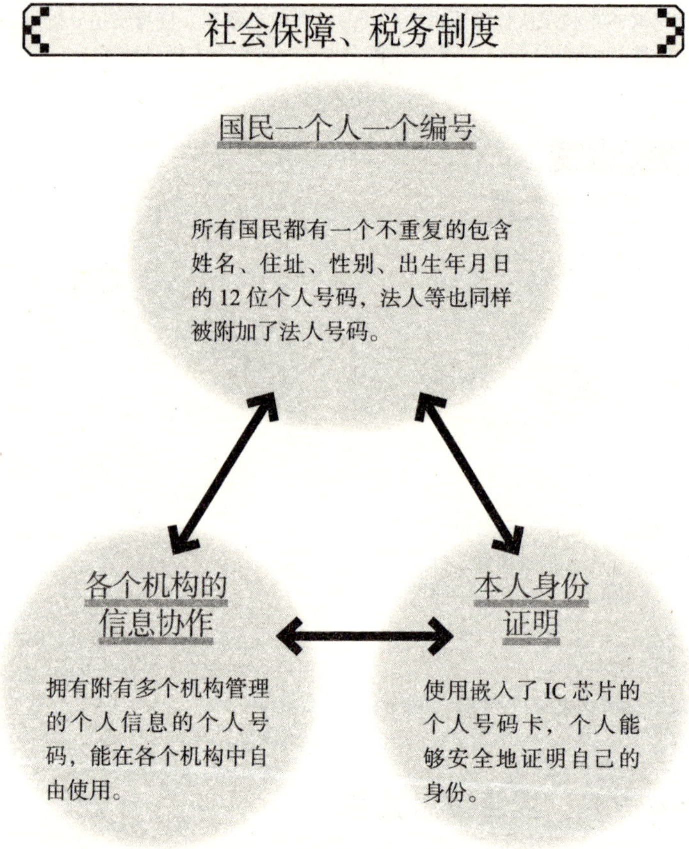

2016 年 1 月，日本开始使用个人号码。个人号码是从婴儿到老人的全体国民都有的 12 位号码。用这个号码，可以连接各个机构的个人信息。

随着个人号码的使用，在申请养老金和福利时所必需的文件就会减少。此外，在搬家时迁移住民选票等的行政手续就会简便得多。因为能够更准确地把握居民收入，所以政府可以设置不同的税率等，提高基本国民生活的便利性，实现公平、公正的社会。

个人号码的使用范围逐渐扩大

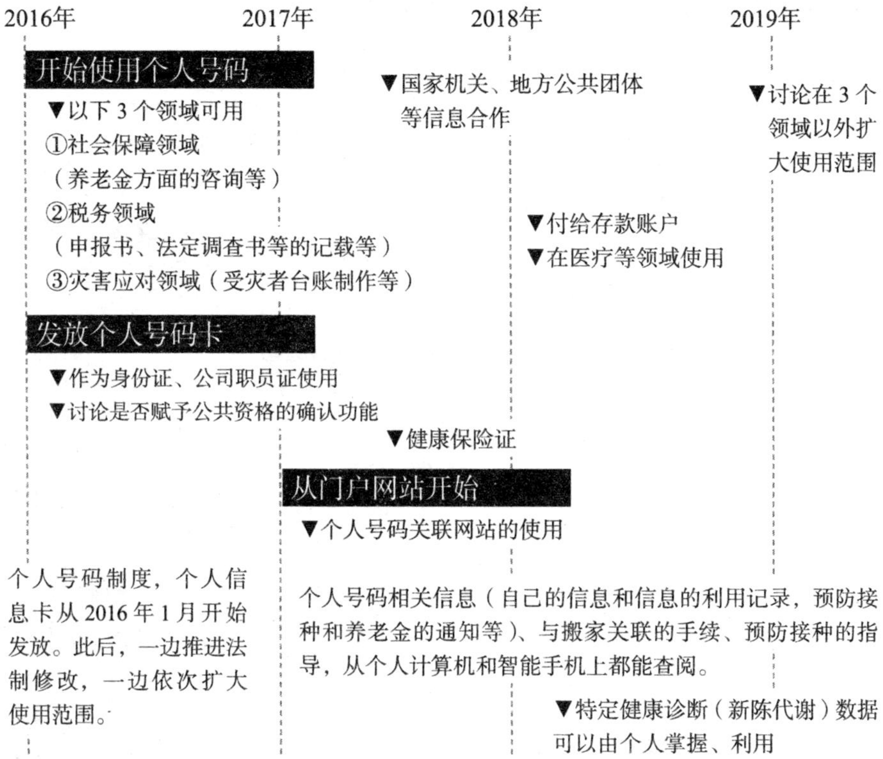

资料来源：内阁官房社会保障改革担当室．个人社会保障、税号制度概要资料，2015．

用于社会保障、税务制度、灾害应对 3 个领域

个人号码除了被用于法律规定的目的以外，其他地方不能使用。现在，先被认可的领域有以下 3 个。

第一个是社会保障领域。个人号码被用于公正管理和使用各种养老金记录、失业保险、福利、医疗保险等。

第二个是税务领域。在申报书和初始征收票上记载个人号码，准确把握收入，利于税收公平化。

第三个是灾害应对领域。当灾害发生时可以用于制作受灾者台账，从而迅速支援。

此外，还可以考虑扩大个人号码的使用范围。

个人号码和大数据

削减医疗费用，推进药物开发

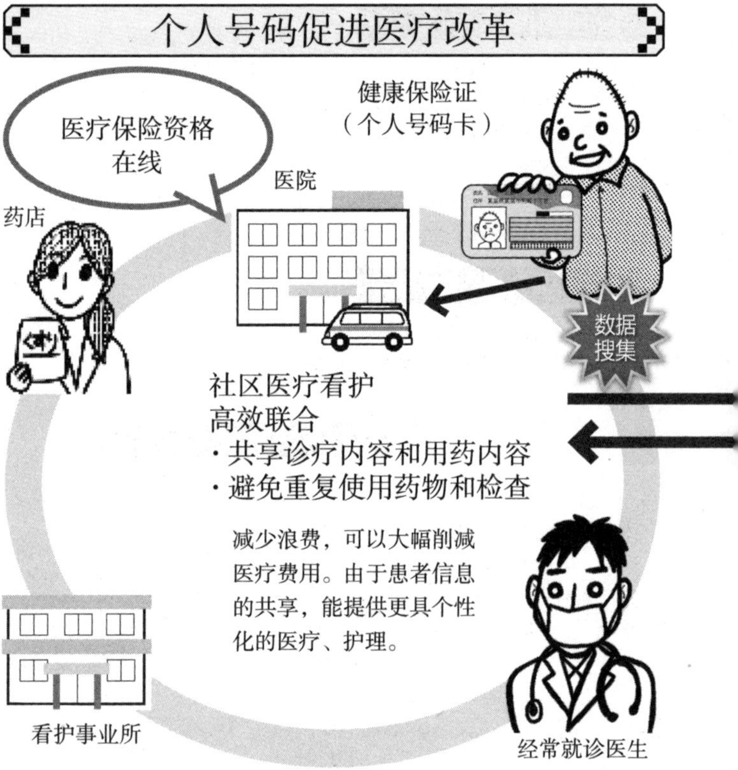

个人号码卡可以作为健康保险证使用，在各医疗机关导入电子病历等医疗数据，可以促进医疗大数据的使用。

个人号码也被用于医疗领域，预计在 2017 年之后，个人号码卡可以作为健康保险证使用。

医疗费用逐年增加，2014 年度突破 40 兆日元。如何削减医疗费用是一个迫切需要解决的问题。

根据个人号码，如果各医疗机关共享信息，可以避免重复检查和用药，直接削减医疗费用。有人估计，如果能避免重复用药，可以削减 1 兆日元的医疗费用。

随着患者信息的共享，不仅能避免双重用药，而且还能在医疗机构和药店等地方共享正确的信息。

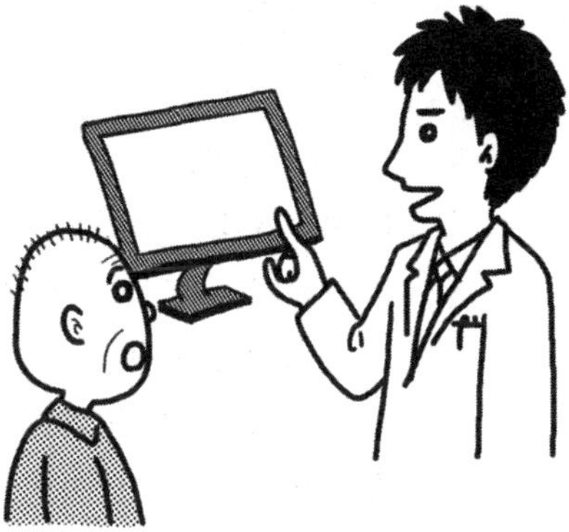

数据库
（医疗大数据）

积累了电子病历、特定健康检查结果、手术实际效果等与医疗相关的数据。

数据分析

用于医学研究等
不以特定个人信息的形式在大学和制药公司等共享有关医疗信息。大数据可用于新药的开发、副作用的状况分析和治疗效果的分析等。

提高医疗质量

- 正确诊断，适当治疗
- 日本开发的新药、医疗器械
- 药物和医疗器械的安全对策

使用医疗大数据，可以提高医疗质量、安全性，也能提高医疗机构的经营效率。

同时，医疗大数据可以被用于制药公司和大学的新药开发。

为了更详细地使用患者信息，必须使病历电子化。可是，不同的医疗机关对大数据的普及率有偏差，拥有 400 个以上病床的大医院也只是对约 70%（2013 年数据）的病例实现了电子化。同时，电子病历还必须标准化，基础设施也需要尽快完善。

关键词

个人号码安全对策

如果个人号码泄露，多个机构的个人信息就有蔓延式流出的危险。因此，与个人相关的数据不能被统一管理，而是分散到各个机构，使用的时候只利用必要的信息。

医疗机构处理的患者信息更值得被关注。另外，可以制作与个人号码相同的医疗号码，专门用于医疗机构，根据情况与个人号码相结合，预防信息泄漏。

关键词

无人机

自动操纵从空中搜集数据

无人机是热门话题，原本只是为军事侦察和轰炸而开发的，搭载了 GPS 等多种传感器，可以自行移动。根据用途不同，无人机的大小、形状各不相同。

无人机的使用范围很广，有商用的和民用的。亚马逊和多米诺比萨店等将其用于配送商品。同时，无人机可以用于对人类不能进入的土地进行测量、照相和摄影，在发生灾害时进行信息搜集，喷洒农药等，其应用范围不断扩大。

因为价格低廉，很容易入手，因此无人机也有可能被恐怖分子等恶意利用，各国都在认真讨论相关规定。

3D打印机

从数据中直接创造出实物

3D 打印机可以从数据中直接创造出实物，使用的材料有树脂、石膏、金属、砂糖等。其工业用途以制造机械零件为先驱而不断发展。因为设计后马上就可以制作造型，也不会浪费材料，因此 3D 打印可以缩短开发周期、降低成本。

未来，如假肢和助听器等需要定制的医疗设施，其制作会变得异常简单。

3D 打印的最大特点是能够便捷地共享打印用的数据。其价格逐渐变得亲民，这扩大了其应用的可能性。然而，预料之外的问题也开始出现，有人用它制造了手枪。

第7章

使用数据抓住商机

大数据如何被用于创新?

BIG DATA

为了应用数据先要做什么？

先弄清要解决的问题

与海外相比，日本的大数据应用大幅度落后。

根据日、美对非 IT 部门 2013 年的调查结果①，美国 7 成以上企业正在使用大数据，而日本企业正好相反，不知道大数据、没有使用大数据的企业占 7 成。

①一般社团法人电子信息技术产业协会．日美企业对IT的应用经营差异分析调查．2013．

反复进行目的、分析、验证、方案的重新评估

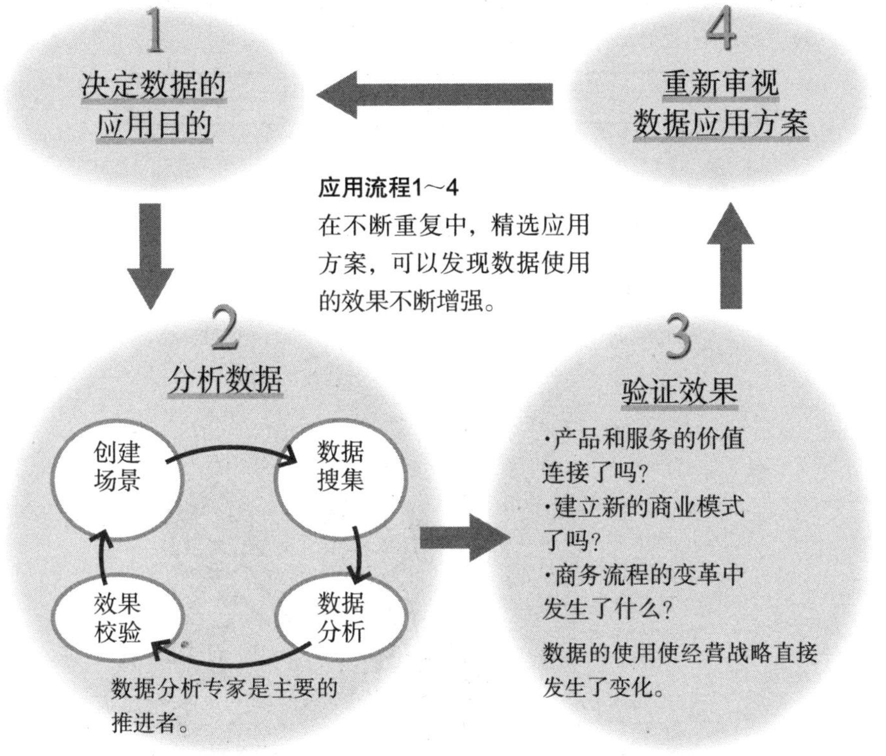

不但能提高效率、削减成本，而且可以创造附加价值

纵观世界上的企业，近年来积极实施大数据项目的不少企业都进行了不少创新。日本企业必须有强烈的危机感，不实施大数据战略，就会丧失市场份额和竞争力。

日本企业也拥有大数据，可是没意识到其价值，只是利用数据提高效率和削减成本，不能在经营战略上应对世界市场的变化。

在使用大数据时，企业不应该仅仅致力于改良现状，还必须将它作为创造新价值的工具，发挥与经营战略直接关联的作用。

为了改善这种状况，日本政府在《世界最先进 IT 国家创造宣言》（2015 年）中，呼吁企业通过加强 IT 投资进行创新。

数据搜集

不能垄断数据和技术，只有善于协作才能成长

开放数据技术

共享数据技术

· 应用
· 引进技术许可证、外部委托
· 合作企业、外部企业共同研究、开展技术合作、进行数据共享
· 建立财团（共同体、企业联合）

信息通信系统的用户和信息通信系统的企业合作，以创造新的价值为目标。利用公共机构共享所持有的“开放数据”。

根据需要灵活运用，构筑创新者、科学家、技术人员等外部人脉。

数据量越多，精度就越高。同时，不同领域的不同构思容易发生化学反应，产生重大创新。

为此，要能够共享各企业所拥有的数据和知识。以前的日本企业，本公司的研究成果不出大门，然而，今后是数据共享产生新价值的时代。一家公司如果不参与共享就很难创新。

为了共享数据并进行协作，谁都能使用的“标准化”数据是很重

共享创意

- 应用创意企业（创新农场等）
- 公开研究成果，公开招募合作伙伴
- 中介企业活用创新
- 从顾客和营业代理店募集创意
- 创新比赛形式（如创意歌曲、薄荷歌曲）

跨越组织障碍，引进优秀创意，产生新商品和服务。

诸如创意歌曲（针对特定主题，每组分别提出自己的想法）、薄荷歌曲（每组在有限的时间内进行编程并互相竞争）等活动也备受瞩目。

进一步优化

安全措施和标准化促进数据的应用

为了促进数据共享，确定数据的规格和通信程序的标准，使之互相能用变得很重要。

安全对策

家电、汽车、医疗器械等，各种各样的东西与互联网连接，除了外部的攻击给生活带来障碍以外，发生事故的原因有时候很难查明。因此，系统的防护、应急制度变得很有必要。

数据标准化

要自动处理大数据，计算机必须正确地解释数据所具有的意义。如果解释数据含义的方法不统一，数据就很难被应用。

行业内标准化

例如，要在制造业中促进数据的利用、推进服务化，在业界的标准化是不可缺少的。

关键词

数据清洗

组织内如果没有标准化，数据的价值就会下降。例如，如果A公司的客户数据在营业部门被登记为“A公司”，在采购部门也被登记为“A公司”，则计算机无法判断是否为同一公司的名称。纠正这些数据的偏差，使数据成为可用的数据，就叫作数据清洗。

要的。德国4.0将标准规格的开发作为首要课题，使整个国家像一个工厂一样发挥作用。这项工作正在推进跨越企业界限的价值链构建，旨在进行整体的数据整合。

关键词 开放数据

公开公共数据，政企协作，以发展为目标

日本政府提出的 IT 领域的增长战略之一就是“公共数据开放”，这是指日本政府公开其所保存的数据，任何人都能自由使用。

开放数据最主要的目的是将白皮书、地理空间信息、采购信息、统计信息等数据与企业所持有的数据和技术相结合，创造出新的商品及服务。由于开放数据的经济效应预期非常大，欧美已经积极进行了各种各样的尝试。例如在美国，有预测犯罪的服务，也有与气象有关的开放数据和农作物的收获预测数据组合为农民的收入提供保障，这些都取得了成功。

日本政府启动数据目录网站“ DATA.GO.JP”，在其中可以自由搜索和利用数据。日本有约 15 000 个数据被公开，但与美国的差距还很大。

为了刺激公共数据的利用，日本政府打算召开创意竞赛以挖掘需求，民间也出现了利用庞大的气象数据开展服务的企业。

日本政府数据目录网站“DATA.GO.JP”

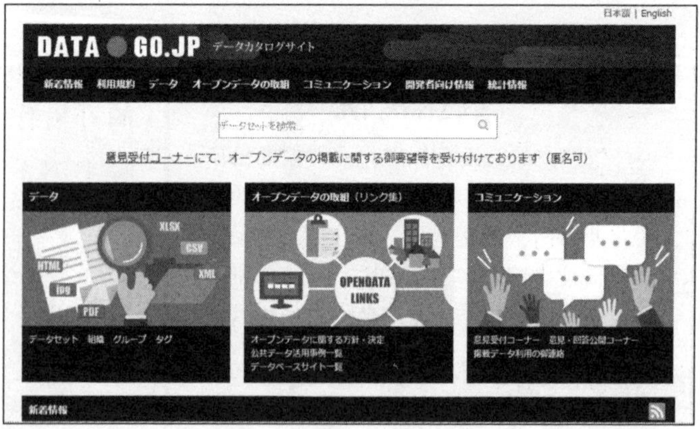

日本政府数据目录网站，在其中可以查找和下载数据。

日本也开始应用开放数据

富士山的相关数据很受欢迎

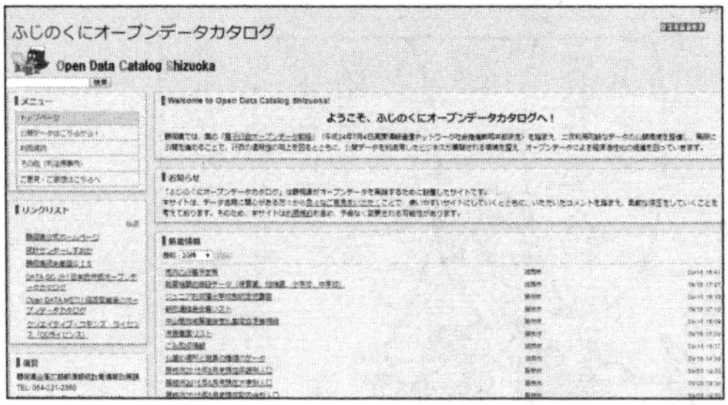

静冈县于2013年8月开设的“富士山开放数据目录”是都道府县首个开放数据的门户网站，以观光信息和防灾信息为主，从县到县内的市町等提供的数据都可以被利用。浏览作为世界文化遗产的富士山景点的信息和徒步旅行路线信息很受欢迎。

清楚自己缴纳税金的用途

“税金到哪里去了？”自己支付的税金被如何使用，可以根据自治团体的决算资料等进行计算。据此可以理解税金支撑的公共服务的受益和负担的关系。根据推进开放数据的非营利团体开放知识基金会（Open Knowledge Foundation）开发的程序，由志愿者启动的自治团体的网站有170多个。

进一步优化

用大数据促进创新，地区经济分析系统“RESAS”

RESAS是政府为了掌握自己所在地区的现状和问题、提取符合其特性的地区问题而设计的系统。这是由政府的城镇创新总部开发的，利用大数据从工业、农林水产业、观光、人口、自治团体出发，将地区经济“可视化”。例如，人口地图就把人口增减和将来人口推算等图表化。该系统还可以对一个自治团体与其他自治团体进行比较，提取问题，支持地方创新。

谁在使用数据？

不仅是专家在用，全部商务人士都在用

大数据的出现和应用，被称为“第四次产业革命”，其冲击力越来越大。目前，全球都在加紧培养能够灵活运用大数据、改变商业的专家，即“数据分析专家”。

大数据的本质是通过灵活运用数据来揭示经营状况和商业动向，使决策更快、更精确。

正因为与整个商业体系紧密相关，大数据不能只被托付于专家。经

无论从哪个立场，都要求应用数据

经营者（经理）

对于大数据的搜集、集成、应用，有必要建立破除公司内部组织障碍、超越企业和国家框架的结构。理解数据应用价值，推动结构建立是经营者的重要使命。

业务部门

经营企划、经营管理、营销、生产计划、生产管理等，越是靠近市场和顾客的部门，越容易产生来自用户视角的价值创造想法。

数据分析专家（数据科学家）

数据分析专家是指运用统计学和信息处理等与数据相关的知识（数据科学），分析数据、解决商务问题和创造价值的专家。掌握社会学和心理学等与人类行为相关的知识对他们来说也是必要的。

大数据处理系统专家

大数据处理系统专家是指使用集成各种形式的大量数据的数据库和以 Hadoop 为代表的技术来处理数据的，构建系统和运用 ICT 的专家。

关键词

进攻型 IT 经营品牌

2015 年 5 月，经济产业省和东京证券交易所积极运用 IT 变革商务模型，遴选出 18 家“进攻型 IT 经营品牌”。日本企业此前都只是利用 IT 技术的削减成本等防守性功能，目前很多企业已经计划改变这种现状，将 IT 技术作为主动进攻的工具，是否运用 IT 技术成为评判企业未来成功的一项指标。

营者自不必说，市场营销人员、销售人员、客户经理、生产经理等所有商业相关人员都应该关心大数据。

每个人都应意识到“数据分析是商务人士的基本素养”，同时政府和企业也应该重新审视人才培养战略。

经营者怎么办?

允许试错和挑战

要促进日本企业使用大数据，经营者必须进行意识改革，最先要做的是营造容许失败的企业氛围和掌握迅速的经营判断能力。

大数据就是这样，要反复尝试、不断犯错。随着经验的积累，价值逐渐高涨。

实际上，要想将应用大数据的成果反映在业绩上，通常需要 3 年左右，这与以往的情形截然不同。

要成为创新型经营者

到现场与年轻人对话

年轻人对数据和顾客的状况十分了解，经营者到现场与年轻人交谈，能够理解大数据的本质，并将其运用于经营判断，同时，也能够发现与创新相关的一些小变化。

利用数据进行决断，速度是生命

虽然搜集数据需要花费时间，但数据一旦积累到一定水平，就会急剧增加。同时，要尽早做出决断，开始是很重要的。

食谱投稿网站“烹饪食谱”投稿数曲线

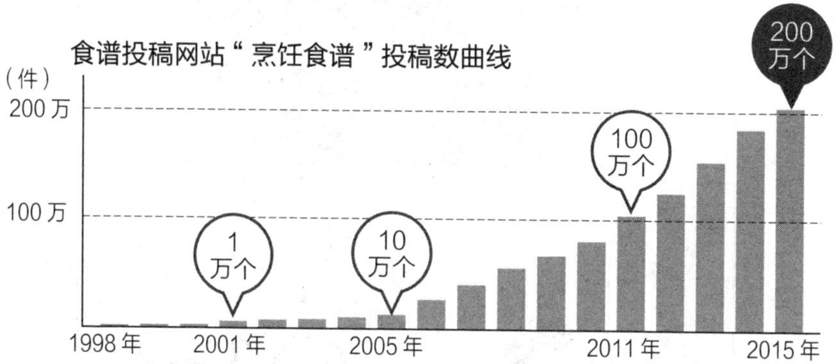

根据食谱投稿网站“烹饪食谱”投稿数的变化，其投稿数达到10万个花费了7年时间，不过，此后数量急速增加。

资料来源：日本烹饪食谱网2015年3月31日发布。

不畏失败 赞扬勇于挑战的企业风气

利用大数据可能会带来失败，如果不允许失败，就无法努力尝试。应容许不畏失败而反复试验，形成赞扬勇于挑战的企业风气。

另外，要想使用大数据这个新工具进行创新，必须走出房间，除了要与其他公司交流合作之外，与现场的年轻人对话也是一个很好的做法。年轻人有新的想法，能不拘束于既成概念，是创新的源泉。

用数据抓住商机

从使用者的角度来考虑，创造新的价值

日本企业不断磨练着自己的技术、产品和服务，提高用户的满意度。海外企业与之相反，通过市场分析使自己企业无法解决的问题浮出水面，进而开发出用户想要的技术、产品和服务。

这个战略体现了大数据的本质。通过搜集数据发现新市场，谷歌和亚马逊就是这样明确大数据的价值的。很多企业受此启发，开始成功使用大数据。日本企业也应该抛弃过去的成功经验，改变每个人的

新的时代

“上帝眼光”
抓住独白

不是仅从自己公司的立场出发，而是从全公司、客户业务的发展、全社会的角度来思索未来的“上帝眼光”。构思的框架扩大了，对用户和社会来说，这与价值的创造是相关的。

使用立场
基于问题考虑战略

不是从自己的技术、产品、服务出发，而是先考虑市场和用户的需求，思考应该解决的问题是什么。在此基础上，通过现有的产品和服务、创新开发以及与其他公司的合作等来解决问题。

5～10年后
聚精会神迎接挑战

随着大数据的应用，用户和社会的要求会直接影响技术的开发。为了在技术开发和商业中处于领先地位，经常了解世界潮流、提前预知并反复挑战是最重要的。

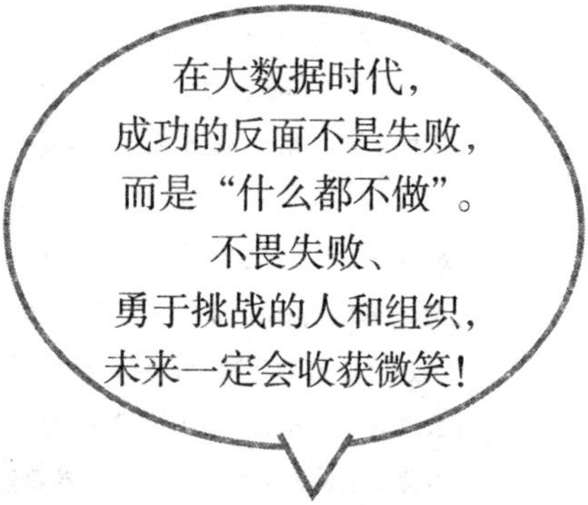

想法和行动。

数据主导着商业和决策。总之，数据随着人而变化。正因为如此，今后的商务人士必须在积累了丰富经验的基础上，培养能够熟练运用数据的感性知识。

“直觉、经验、胆量、数据”，都会帮助人们创造商业价值，这才是抓住商机的第一步。

参考文献

『ビッグデータがビジネスを変える』稲田修一（アスキー・メディアワークス）
『インプレス標準教科書シリーズ　M2M/IoT教科書』稲田修一監修（インプレス）
『別冊宝島2056　最強のスキル「統計学」必須のツール「ビッグデータ」』（宝島社）
『スマート化する放送』日本民間放送連盟・研究所編（三省堂）
『2015年のビッグデータ』（日経BP社）
『ビッグデータ入門』小林孝嗣＆できるシリーズ編集部（インプレスジャパン）
『ビッグデータの衝撃』城田真琴（東洋経済新報社）
『ビッグデータの覇者たち』海部美知（講談社）
『ナンバーワン企業の成功のしくみ』コマツ（株式会社小松製作所）、株式会社エイチ・アイ・エス、スギホールディングス株式会社、株式会社千趣会、セコム株式会社監修（幻冬舎）
『人工知能は人間を超えるか　ディープラーニングの先にあるもの』松尾豊（KADOKAWA／中経出版）
『高校野球　弱者の発想』田尻賢誉（日刊スポーツ出版社）
「情報通信白書」平成18、26、27年版（総務省）
「季刊DBJ」No.16（株式会社日本政策投資銀行）
「経済産業ジャーナル」2011年10·11月号、2013年6·7月号（経済産業省）
「週刊東洋経済」2015年6月13日号（東洋経済新報社）
「NHKきょうの健康」2014年10月号（NHK出版）
「公衆衛生」Vol.79 No.9（医学書院）
「外部データの活用に関する海外調査報告書～米国におけるオープンデータ等の動向と外部データ活用ビジネス事例を中心に～」東京大学先端科学技術研究センターICT実証フィールドコンソーシアム
「2015年版ものづくり白書」（経済産業省、厚生労働省、文部科学省編）
「官民ＩＴＳ構想·ロードマップ2015」（高度情報通信ネットワーク社会推進戦略本部）

日本経済新聞電子版（http://www.nikkei.com/）
nikkei BPnet（http://www.nikkeibp.co.jp/）
各企業ホームページ、プレスリリース

图书在版编目（CIP）数据

从零开始学习大数据：大数据知识入门手册：插图版 /（日）稻田修一著；吴延科译. —北京：中国人民大学出版社，2019.8

ISBN 978-7-300-27321-1

Ⅰ. ①从… Ⅱ. ①稻… ②吴 Ⅲ. ①数据处理 - 基本知识 Ⅳ. ① TP274

中国版本图书馆 CIP 数据核字（2019）第 181692 号

从零开始学习大数据——大数据知识入门手册（插图版）

[日] 稻田修一　著

吴延科　译

Cong Ling Kaishi Xuexi Dashuju—Dashuju Zhishi Rumen Shouce (Chatu Ban)

出版发行	中国人民大学出版社		
社　　址	北京中关村大街 31 号	**邮政编码**	100080
电　　话	010–62511242（总编室）		010–62511770（质管部）
	010–82501766（邮购部）		010–62514148（门市部）
	010–62515195（发行公司）		010–62515275（盗版举报）
网　　址	http://www.crup.com.cn		
经　　销	新华书店		
印　　刷	北京联兴盛业印刷股份有限公司		
规　　格	148mm × 210mm　32 开本	**版　　次**	2019 年 8 月第 1 版
印　　张	5　插页 3	**印　　次**	2021 年 4 月第 2 次印刷
字　　数	131 000	**定　　价**	49.00 元